国語科授業サポートBOOKS

課題・対話・学習シート

3つのしかけで生まれる
わくわく国語授業

稲葉久子 著

明治図書

国語科授業サポートBOOKS

3つのしかけで生まれる わくわく国語授業

課題

対話

学習シート

「楽しさ」を追求すれば
子どもが自ら動き出す！

稲葉久子 著

明治図書

はじめに

この本がめざすもの

ある学校で、研究主任をしていたときのことである。

「国語を教えるのは、難しいね。」

「そうそう。第一に、子どもが、国語を好きじゃないから、嫌々文章に向かっているのを、どう指導したらいいのか、こっちも困ってしまう。」

職員室での、先生たちの何気ない会話だから、なおさら現実味があり、私は内心、これは困ったことだと早速、「国語が嫌な理由」アンケートを行った。その結果は、予想通り、惨憺たるものであった。

理由の主な内容は、

「自分自身が国語が苦手である。」

「子どもがほとんど発言しないので、指導がしにくい。」

「何に重きを置いて、どのように（子どもが意欲的に学習に向かうように）教えていいのかがわからない。」

先生自身が、苦手感をもっているため、当然、子どもたちも、苦手になる。苦手なので学力も低くなりがちである。テストに出そうな内容だけを叱咤激励してドリル的に勉強させれば、テスト結果は上がるかもしれないが、同時に、国語嫌いの子どもたちを多く生む結果となる。

私は、国語科ほど深くて面白みのある教科はないと思っている。学習材が、一番身近な「言葉」であり、普段から伝達や思考の道具として使用するのはもちろん、昔から遊びにも使っている。また、教材として取り上げられている作品世界で、語り合ったり、表現したりもできる。そして、そのことが、人生の指針になったり、生きていく力として、将来にわたって心の中に存在し続けたりもする。そんな教科だからこそ、大切に思い、先生自身がまず、文章を読み味わうことを「好き」になってほしい。そして、子どもたちが文章をめぐって「自分はどう考え、どう表現するか。」また「友達はどうだろうか。」と、国語の時間が待ち遠しくなるように、仕組んでもらいたいと思う。

この本は、私自身のつくってきた教室で、実際に行われた楽しい学びの時間を、思い返して書いたものである。「先生、給食の時間少し短くなってもいいから、続けさせて。」と、図工や体育に負けないほどに、子どもたちが楽しみに思ってくれた授業の一コマを綴った。だから、この書は私と教室の子どもたちの共著だと思う。卒業していった子どもたちが大人になって再会し、「あの授業、覚えてるよ。」と語ってくれる。作品について友達と語り合ったひととき、深く考えた自分自身の姿が、その子の人生を密かに支えてくれているのではないかと思う。

私にとっても宝物の、この学びのひとときを書き記し、「国語の指導が苦手だ。」と思っている先生方の一助になればと心から思う。

教材について

本書は、全教材が「光村図書」によるものである。私が勤務した学校は、すべてこの教科書を使用していたということもあるが、私が光村図書の教科書を好きな理由は、次の2つによる。

1つ目は、教材になっている作品に「力」があるということである。文章を読むだけで、子どもたちに興味・関心を引き起こし、考えさせることができる「力」である。だから、子どもたちの初発の感想は、ほぼ想定内に収まる。つまり、指導者が子どもたちと同じ心で、読み味わって生まれた感想とほぼ同じということである。これをどう教えようかといった教師としての読み方ではないことを強調しておこう。

2つ目は、指導者の裁量に任せられている部分が大きいので、教室の子どもたちに合わせた形での指導が可能ということである。いわゆる、ハウツーものだと、書かれている通りに、教師があまり考えたり悩んだりせずにそのままの形で教えることができるが、子どもたちが、自分に引きつけて考えて読むという姿にはなりづらいのではないかと思う。

私を支えてくださった方々

まずは、今まで私と一緒に国語の時間をつくってきた子どもたちに、感謝の意をささげたいと思う。いつも子どもたちの一生懸命な姿に支えられ、「先生、もっと考えて。私たちに負けないように。」と背中を押されていた。

それから、「本を書く」という指針を示してくださった三好修一郎先生。福井大学の名誉教授でいらっしゃるのに、フレンドリーで楽しい。大学の研究室で、学生も入れて教材について語り合った時間も、「教材研究はみんなで楽しくやるもんだ」と暗に教えていただいたと感じている。また、執筆についても大変貴重なご意見を多々いただいた。先生の著書の『小学校　文学教材を深く読むための国語授業デザイン』（明治図書）からも、多くのヒントを得て本書を書くことができた。私の本を読まれる先生方は、同時にこの本も読まれることをお薦めする。

そして、「福井実践国語の会」の先生方。この会に参加するたびに、指導の視点が広がるだけでなく、国語科教育を推進していこうという勇気とやる気が湧いてきた。本書を書く原動力になったという点でも、大変感謝している。

稲葉　久子

目次

各教材は以下の順で構成されています
1　教材の特徴と教材分析

第1章

国語好きな子どもを育てる
授業づくり 3つのしかけ

―課題・対話・学習シート―

1 国語が大好きな子どもを育てる意欲と学びのつなぎ方

（1）意欲と学びをつなぐ「はしご」をつくろう

子どもたちは、目の前の学習材に興味や必要性を感じることで、自ら考えようとし、進んで活動を始める意欲をもつ。これが「主体的」の原動力である。しかし、自ら進んで活動しても「学び」につながらなくては意味がない。この意欲と学びをつなぐ方法について考えてみよう。

木になったおいしい実を「学び」と例える。子ども（学習者）がそれを取りたい（意欲）と思ったが、高くて取れない。そこで、はしごを用意し、それを一段一段上って、実を手に入れることができた。このはしごを用意するのが教材研究であり、上り方を教えるのが指導である。

この「はしご」がしかけであり、本書では「課題」「対話」「学習シート」の3つを提案する。

（2）はしごを上りたくさせるおいしい「課題」

まず、実をどうしても取りたいと思わせるおいしい「課

題」に仕立てる。そのような課題は子どもたちの興味・関心・意欲にもとづいたものであることが必要である。子どもたちの様々な学習材への思いを分類し、いくつかの課題を設定する。また、遊びの要素を取り入れるなどしてアクティブなものにする工夫が必要である。次に、いくつかの課題の解決順を決める。子どもたちの興味の強い順からでもよいし、一つずつ解決していくことで最後に解決できるように仕組む方法もあるだろう。

(3) 上ることを楽しませる「対話」

いよいよ登り始める(課題解決)にあたって、一緒に上る(考える)者を決める。

・「誰」と対話するのか。それは、「主人公」あるいは「自分自身」、そして「同じ課題で学習する友達」などであり、学習内容に応じて、また子どもたちの必要に応じて決める。このようにして、解決のための相談をしながら一段一段上っていくことができるようにする。

・どのような「場」で対話をするか。つまり、対話する人数(ペア、トリオ、グループなど)や形式(対談、討論、パネルディスカッション、ブレインストーミングなど)を決め、その話し合い方を子どもたちに示す。

・対話のための表現方法を示す。どのような形で自分の考えを表現したらよいか(メモ、メッセージ、討論のための原稿、〇〇日記、紹介文など)を、目的に応じて決める。

(4) 一段一段を上りやすくする「学習シート」

課題解決に入ったときに、考えを焦点化して考えやすくするための「学習シート」を活用する。このシートは次に示すいくつかの工夫点があり、番号の順に学習が進んでいくように作成する。

①課題と自分の考えを書く部分がはじめにあり、これをもとに学習が進められるようにする。

②焦点化した学習内容とそれに関わる自分の想像や考えを書く部分があり、学ぶべき点はきちんとつかむことができ、想像や考えの部分はのびのびと書けるようにする。
③学習を振り返って、考えや感想をまとめ、次時への思いを書くことや、自己評価ができるようにする。
④個に応じたシートを作成する場合もある。目的や興味に応じて学習を進めるためには、統一されたシートではなく、何種類かのシートを作成し、自分の目的や興味に応じて選ぶことができるようにする。

(5) 課題解決に必要な「アイテム」

「課題」について「学習シート」に書かれたことをもとに「対話」しながら学習を進めていくが、課題解決に必要な「アイテム」つまり必要な学習事項を、提供できるように準備しておく。「アイテム」とは、関連の既習事項、重要語句、文や文章の構成、引用、また、挿絵や図、写真、辞書である。

このような学習を経験した子どもたちは、国語が大好きになり、みんなで考える国語の時間をわくわくして待つようになる。課題を解決する過程で学びを深め、着実に国語の力をつけていけるであろう。

2 しかけ1 主体的に読むための課題づくり

(1) 低学年の課題

1、2年生の課題は、活動課題がふさわしい。本時は何をするのかが明確に分かる「○○であそぼう」「○○をつくろう」といった働きかけを行う。今までに実際に課題として設定した例は次の通りである。

「おむすびころりんげきじょう」をつくろう　…単元を通した活動課題
①時　げきに出てくる人のせりふを見つけて、しるしをつけよう。
②時　おなじやくのみんなと、こえをそろえてせりふをよもう。
③時　おじいさんやく、ねずみやくにわかれて、一のばめんのげきをしよう。
④時　げきの小どうぐをつくろう。
⑤時　それぞれのばめんにわかれてげきをしよう。
⑥時　「おむすびころりんげきじょう」をしよう。
（「おむすびころりん」光村一年上『かざぐるま』）

③時では、子どもたちは、**「今日は、劇をするんだ、ぼくはおじいさんになりたいな。」**といった本時の見通

しをもつとともに、学習への意欲をもつ。そして、劇の一場面をつくろうとする中で、場面を想像し表現するための二次課題「おじいさんになって、うごきとせりふをかんがえてげきをしよう。」が生まれる。

ここでは、子どもは**「おじいさんは、『まてまて』と言いながら、手をのばして必死で追いかけたんだ。それから、自分で考えた台詞だけど『おばあさんのつくってくれた大切なおむすび、まてまてまて。』と言おう。」**などと考え、表現するようになる。

このように、教師側のねらいは、音読による正確な読解をもとにした豊かな想像力を育む学びにあるが、課題は子どもたちの「おもしろそう、やってみたいな。」を全面に出したものとしたい。

楽しい遊びに通じた活動「〇〇あそびをしよう」といった働きかけは、教師の方で行う。活動内容や手順なども教師が計画するが、二次課題の「今日はどんなことをくふうすればうまくいくのかな。」については、子どもたちの意見を中心に決めていくようにすることで、主体性を育てていく。

(2) 中・高学年の課題

中学年から高学年へと進むにつれて、教師側からの働きかけでつくっていた課題は、少しずつ子どもが中心となって作成するようにしていく。中学年は、教師と子どもたちでつくり、高学年では、子どもたちで課題を作成できるように指導していく。

また、中学年は、活動課題から、次第に考える課題へと移行していくようにする。たとえば、3年生では、初発の感想は、「〇〇をやってみたいな。」であることが多い。そこから「なぜ〇〇なんだろう。」へと変化させていく。この変化は、子どもたち自身の発達による思考の深まりから生まれることもあるが、教師の働きかけで変化させることを念頭に置きたい。

【活動課題から考える課題へ】

説明文の課題（「言葉で遊ぼう」光村三年上『わかば』）

活動課題	考える課題
みんなで言葉遊び大会をしよう。	「私はどの言葉遊びにしようかな。」
どんな言葉遊びがあるだろう。	「いくつあるかな。言葉遊びの名前を見つけよう。」
遊び方も見つけよう。	「どうやって遊ぶのだろう。」
言葉遊びの楽しさを見つけよう。	「楽しさについて読んで、好きなのを選ぼう。」

課題　**言葉遊びの「名前」「遊び方」「楽しさ」を見つけて、**（考える課題）**自分のやりたい遊びを選ぼう。**（活動課題）

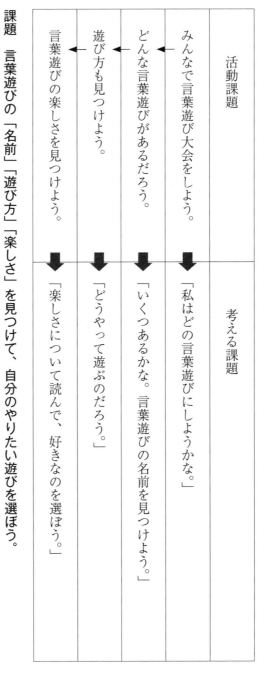

こうして、子どもたちは、言葉遊び大会に出るために、自分のしたい遊びを選ぶ。選ぶためには、名前、遊び方、楽しさを見つけ、読み、理解するという学習を行うことになる。遊び方を知る必要があるので、進んで文を読み、順序性を見つけて、すぐに目指す内容を取り出して読むようになる。

このように、子どもたちの意欲を中心に課題を解決していくと、その答えは「中」の事例にあることが分かる。そこで、「はじめ」や「終わり」は何のために書いてあるのかという新たな課題も生まれ、文章構成の理解においても主体的に取り組むようになる。

【初発の感想からつくる課題】

子どもたちが初めて作品を読んだ後の感想を、分類しながら書き留めていくと、核心をついたものが多いことが分かる。これは作品に力があるからであろう。教科書教材ともなるとすばらしい作品が多いので、主題に関わる内容の感想が一番多い。ならば、全員の感想の分類作業など時間のかかることはせずに、教師の側からの課題を与えればよいではないかという考えもあろうかと思う。しかし、感想には子どもならではの思いが書かれていることが多く、はっとさせられる内容も多いのである。また、初発の感想であるがゆえに、読みの浅い内容もある。クラスの子どもたちの読みの傾向や力を知るためにも、一人一人の感想をつぶさに読み、全員の感想を分類していく作業は、非常に大切である。

【感想分類から課題へ】

文学的文章の場合（「白いぼうし」光村四年上『かがやき』）

次の課題作成例は、実際に32人学級で実践したものである。

①松井さんについての感想…18名

・色々な人の気持ちが分かるいい人。だからふしぎな世界にすんでいる人たちに人気がある。
・チョウのかわりに夏みかんを入れるなんて、楽しくてゆかいな人。
・男の子の口が「O」の字や、「まほうのみかんと思うかな」という想像をするおもしろい人。
・わざわざぼうしをひろってあげて、ちょうのかわりに夏みかんを入れるなんて、心のきれいな人。

課題1↓ **松井さんは○○な人、どうしてそう思うのかを話し合おう。**

②女の子が不思議だという感想…18名

・女の子がいなくなってしまったことが不思議だ。
・松井さんが車にもどると、女の子がすわっていた。チョウが変身したんだ。
・バックミラーを見ても誰もいない。ドアを開けた時にいなくなったのではないか。
・いなくなった場所（菜の花横町）でチョウにもどったのかな。
・菜の花橋のことを「菜の花横町」と言っているのがあやしい。
・チョウはなぜ「よかったね」と言っているのか。誰が誰に言ったのだろう。

課題2↓ **女の子の正体は？…不思議はどこで起こったか。**

③いい景色やにおいが浮かぶ…15名

・最後の場面がきれいで、読み終わった時とてもいい気持ちになった。
・チョウが飛んでいるところや、夏みかんなど美しい色や景色が目に浮かぶ。
・わた毛と黄色のまざった、クローバーの青々とした、空の色などがきれい。
・読んでいる私にも、夏みかんのあまずっぱいにおいを届けてくれた。

・白いぼうしは、かぶるときっと夏みかんのにおいがするだろう。

課題3→ いい景色やにおいが浮かぶところを見つけよう。

④その他…3名

・「たけのたけお」がおもしろい。

・こんなお話をたくさん読んでみたい。

・ぼくも松井さんのタクシーに乗ってみたい。

課題4→ 松井さんのお話シリーズ「空色のタクシー」を読もう。

このように、子どもたちの感想を交流する中で生まれる疑問や、やってみたいことを課題として掲げると、学習が子どもたちのものとなる。彼らから生まれた課題を解決していくのであるから、主体的にならざるを得ないのである。この方法は、文学的な文章に限らず、説明的・論理的文章でも、古典でも有効である。子どもたちが初めてその文章に出会ったときに感じる思いを大切にする学習方法だからである。

3 しかけ2 対話する力を育てる指導

（1）子どもが話したくなる「問いかけ」

教師の問いかけの仕方一つで、子どもたちの反応は、全く異なる。ここに上げるいくつかの「問いかけ」「働きかけ」、いわゆる発問は、今までの実践の中でよい反応があったものである。

①選ぶ　「どれがいい」「どうしてそう思ったの」など。

子どもの意見には必ず理由をつけさせる。そうすることで、文章を正確に読み取るようになる。

②比べる　「どこがちがう」「同じところは」「どっちが○○ですか」など。

この問いに続いて「どうして違うのかな?」と理由を考えさせる。

例　「『お手紙』のはじめと終わりの挿絵は、よく似ているが、少し違う。どうしてちがうのかな。」などと、人物の表情や手の位置の違いなどから、気持ちを読み取り、文章から根拠となる言葉を見つけ、想像する。

③具体的で限定された問い　「いつ」「どこで」「誰が」「何色」「何のために」など。

例　「女の子が松井さんの車に乗ってきたのは、どこ?」（「白いぼうし」）

…場面の展開を考える。

「ラムネのびんの月光とあるが、宮沢賢治の時代のラムネの瓶の色は？」（「やまなし」）

…夜の小川の水の色と月光の黄色を合わせた色というように情景を想像させる。

教師の問いかけは、子どもが答えやすいこと。だれでも答えを言えるようなものにする必要がある。「どれがいい？」などの選択は、全員の子どもが答えをもつことができる。重要なのは、その理由づけである。選ぶ理由を考えるので、文章をよく読んだり、資料を目的をもって眺めたりするようになる。子どもの意見の言い方はいつも「どうしてかというと」と、理由をつけさせる指導が小学校1年から始まる。しかし、理由はきっちりしたものでなくてもよい。私の教室では、「理由は、やまかんです。」とか、「なんとなくそう感じました。」でもいいことになっている。「勘」や「なんとなく」が、他の子の意見を聞いて次第に明確になってくる場合もあるからだ。このような配慮も入れてだれでも意見をのびのびと言える雰囲気をつくっておきたい。

(2) 聞く力を育てる「教師の聞き方」

授業中の教師の聞き方は特に重要である。どの子の意見もしっかりと聞き取ろうという態度の形成は手本となる教師の手にかかっている。聞き上手な先生になること。それには、どの子の意見も、一生懸命考えた貴重な意見であるという気持ちをもって聞くことである。正解か否かという視点ではいけない。教師や他の子どもたちが期待する意見でなくても、どうしてそう考えたのかがとても大切だからである。考えの理由をきちんと聞いてみると、「なるほど」と驚くような着眼点があることに気づかされることも多い。学びが広がり深まるのは、まさにこういった意見が出たときである。

教師が「君はどうしてそう考えたの。」と丁寧に聞き取っている間、他の子どもたちも同じように考えながら聞いている。クラスの友達の考えを受け入れ、理解しようとして聞いている心は、教師を上回ることさえある。

私の研究授業の折、大勢の参観者の前で、私がある子の意見が何を言わんとしているのか捉えられずに、何回も聞き返していたときのことである。指導主事や他のたくさんの先生が目に入って私は少しうわずっていたのかもしれない。別のある子が、「先生、○○さんはこんなことを言おうとしているんではないですか。」と言ってくれた。友達に自分の意見を分かってもらえた子は、とてもうれしそうにうなずいた。

クラスの誰かが意見を言うと、みんながその子のほうを向いて一生懸命聞こうとする態度が育っていたことが、私の聞き取り方のまずささえカバーしてくれた実例である。また、教師の「真摯に耳を傾ける聞き方」が、子どもに「考えながら聞く」時間と心のゆとりを与えていたのではないかとも考える。

子どもの意見を丁寧に聞こうとするのは大事だと頭では分かりつつ、「時間がない。」という理由で聞き流してしまってはいないだろうか。だからこそ、中心となる発問や活動は精選することが必要になる。45分間の授業時間の中で、次々と考えることや活動することが計画されていると、一つのことにそう長く止まってはいられないという焦りが生まれる。考えることは一つ、その考えを作ったり交流したり表現したりするための活動を仕組む…これくらい精選して授業に臨むことをお薦めしたい。教師も子どもたちも、しっかりと聞き考える時間をつくること。これが、子どもたちの「聞く力」を育てる根本のところだと考える。そして同時に、みんなが一生懸命聞いてくれるんだという思いが、誰でもどんなことでも言えるクラスの雰囲気をつくる。

（3）「受けて話す」指導のアイデア

子ども同士の「対話」に必要な「話し合い」には、どのような力が必要なのだろうか。それは、「受けて話す」能力である。グループで「話し合いをしましょう。」と教師が指示しても、自分の考えを言う（発表）に終始している場合が多い。ノートに書いた自分の意見を読み上げるだけという場面もよく見られる。これでは、深まりは期待できない。

話し手の意見を聞き、自分の意見との相違点を見つけたり、目的に沿っているかを考えたりして生まれる自分の考えを、相手に話す。この一連の思考と話し方は次のような指導のアイデアで鍛えることができる。

①スピーチタイム

朝の会などで、毎日スピーチタイムを設けている学級があろう。（福井県ではよく見られる。）この毎朝のスピーチタイムでの指導例である。

【話し手への指導】

・スピーチの題をつけ、スピーチの最初に言うこと。
・「はじめ」は、話す内容の「紹介」「きっかけ」を言い、「○○でしょうか。」など問いの形で話すことも効果的であると教える。
・「はじめ」「中」「終わり」に分けて話すこと。

特に、「中」の部分に面白さがあるので、様子を詳しく話すこと。「様子」とは、五感で捉えたことを言葉にしたもの、つまり、目で見えたこと（色、大きさ、高さ、動き）、耳で聞こえたこと（音、会話）、鼻で感じたこと（匂い、香り）、肌で感じたこと（手触り、温度、風の当たり方）である。さらに、自分が思ったことを付け加える。これらのことを、順序よく、あるいは中心となる内容を決めて、話したいことが伝わるようにする。

・「終わり」は、振り返って思うこと、あるいはこれからどうしたいか、または、聞き手に言いたいことをまとめて話す。

このような、内容のあるスピーチがあってこそ、質問や感想が生まれるので、話し手の指導も普段から平行して行っておくことが必要である。

【聞き手への指導】

聞き手は、「質問」と「感想」を考えながら聞く。漫然と聞くのではなく「積極的に聞く」のである。

①「聞きたいことはないか。」を様子から見つける。前述の「様子」の色・大きさ・動き・匂い・音・話したことなどの視点で、もっと知りたいことを選んで、**「質問」**する。

②「同じ体験、同じような気持ちになったことがないか。」を自分の体験や思いと照らしながら聞くと共感的な感想が生まれる。（私は**「ぼくもわたしも感想」**と名付けて指導してきた。）

【受けて話す指導】

質問の場合

聞き手「～はどんなでしたか。」
話し手「それは○○です。」
※ここで会話を終了してはいけない。
聞き手「○○なんですね。私は△△かと思いました。」
話し手「はい、私もはじめは△△だと思ったんですが……でした。」
または、聞き手「それは～ですね。」と感じたことを付け加える。
話し手「はい。私も～と思いました。」「いいえ、～なようには思いませんでした。」
※会話を終了する場合。
聞き手「よく分かりました。ありがとうございました。」
話し手「あなたも、～だといいですね。」

感想の場合

聞き手「ぼくも、～なことがありました。」（ぼくもわたしも感想）
※ここで、会話を終了してはいけない。
話し手「やっぱり△△のように思いましたか。」

聞き手「はい、○○さんと同じように△△と思いました。」
または、聞き手「○○さんとちょっと違って、□□と感じましたよ。」
　※会話を終了する場合
話し手「それは～ですね。あなたも、……してください。」
　　　　　　　　　　　　　　　　　「……だといいですね。」
聞き手「はい、……してみます。ありがとう。」

このように、「受けて話す」ことができるようになるには、どの子も質問や感想を言う機会を2回はもつことが条件である。1人のスピーチに対して「インタビュー」班（生活班で3～4名程度）を指定し、前述のような質問や感想を「インタビュー」させる。30名の児童なら、1ヶ月で2～3回のインタビューチャンスがあり、「受けて話す」ことができるようになる。インタビューは、短くても1往復半だが、この対話指導では2往復半をめざしている。このようなやりとりが行われると、スピーチの時間がさらに楽しくなる。

②授業中の意見のやり取りの仕方の指導

①のスピーチで、「相手の話をよく聞いて、自分の考えを話す」経験を積むと同時に、学習中の意見のやり取りの中でも、受けて話すことができるような「話のつなぎかた」を示しておくとよい。

（1）付け加え…○○の考えに付け加えて言います。
（2）質問　　…質問ですが、○○はどうして～なのですか。

（3）賛成　…○○と同じ意見です。私は～の理由で、賛成です。

（4）反対　…○○の意見とは、ちょっと違って△△なのですが、理由は～です。
○○とは違って、△△と考えるのですが、理由は、～からです。
○○には反対です。どうしてかというと、～からです。

4

しかけ3　考えの形成を促す学習シート

私の提案する「学習シート」とは、自分の学習、自分の考えが積み重ねられていくノート（記録）となるものである。1～2時間で1枚作成するので、単元における自分の考えの変遷をたどることもできる。最後にこのシートを綴れば、単元ノートができあがる。

授業では、この学習シートに本時の課題に対しての自分の考えを書き入れ、それをもとに意見の交流を行って深めていく。つまり、このシートの内容が授業の進展の中心となるのである。授業の最終段階で、振り返って、自分の考えの変化に気づいたり、新たな課題を見つけたりすることもねらっている。

実践では、自分の考えによい影響を及ぼしてくれた友達について書く子も多かった。この「振り返り」の交流で、自分の考えの深まりを自覚するとともに、自分の考えがクラスの子に広がる喜びを感じていた。

シートを作成するときには、次の点に配慮する。

ア　どこに何を書けばよいかが分かりやすく示されていること。

イ　楽しみながら記入していく中で学習が確実に成立するものであること。

ウ　個別化・個性化に対応していること。

（１）低学年の学習シート例

イ　楽しみながら記入していく中で、学習が確実に成立する。

シート例（「おおきなかぶ」光村一年上『かざぐるま』）

「塗り絵」をすることで登場人物をつかむ。

切り取って「貼り絵」をすることで、あらすじをつかむ。

色を塗ったら、
切り取ってかぶ
を引く順に貼る。

①おおきなかぶ
なまえ（　　）
★かぶを
ひっぱった じゅんに
えをはりましょう。

シート例

（「たんぽぽのちえ」光村二年上『たんぽぽ』）

ア　どこに何を書けばよいかが、分かりやすく示されている。

イ　学習を確実に成立させる。　ウ　個別化・個性化に対応する。

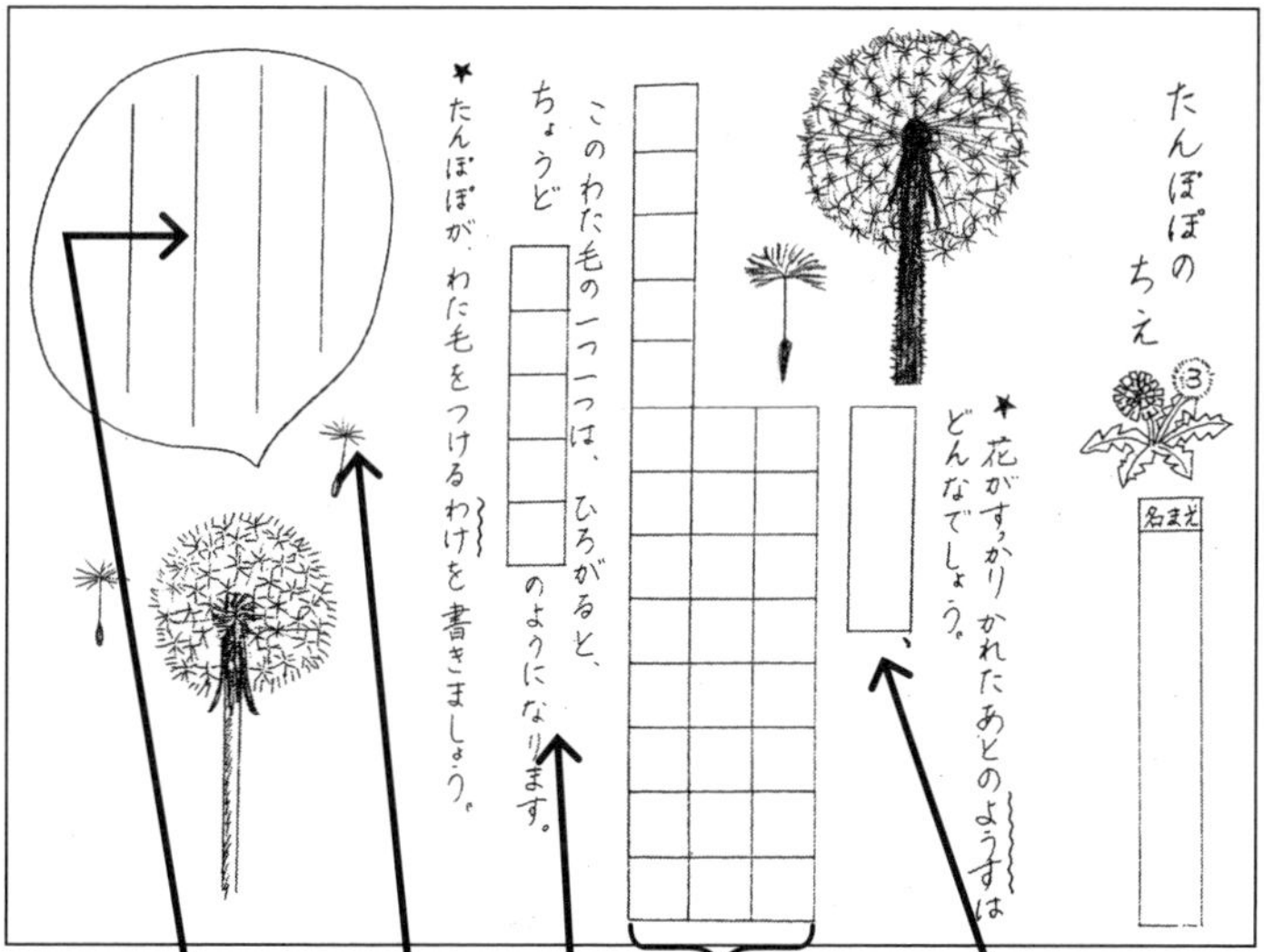
たんぽぽの ちえ
③
名まえ
★花がすっかりかれたあとのようすは どんなでしょう。
このわた毛の一つ一つは、ひろがると、ちょうど のようになります。
★たんぽぽが、わた毛をつけるわけを書きましょう。

順序を表す言葉

タンポポの様子を表す文

重要語句「らっかさん」

綿毛をつける理由を読み取り、たんぽぽになって、わけを書く

縦罫なので、想像を広げてたくさん書きたい子は、つめて書くこともできる。

どの子にも、学習を確実に成立させる。様子の文は、正しく視写すれば、マス目がきちんと埋まるようになっている。

タンポポを擬人化して書くことで、人間のように考える「ちえ」があることに気づかせる。また、個々の想像を広げて楽しく書くこともねらっている。

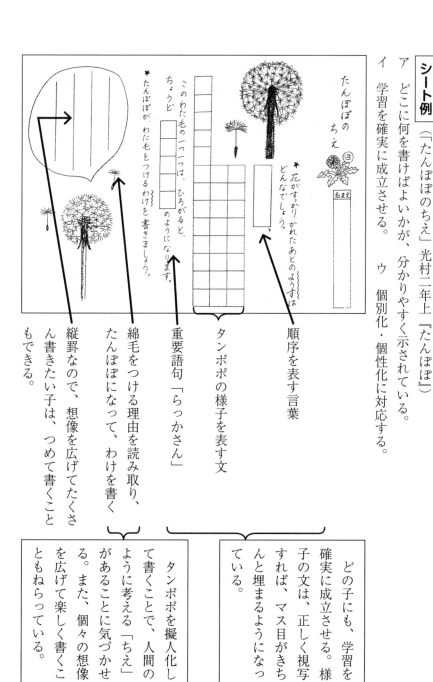

（2）高学年の学習シート例

ウ　個別化・個性化に対応している。

シート例（「やまなし」光村六年『創造』）

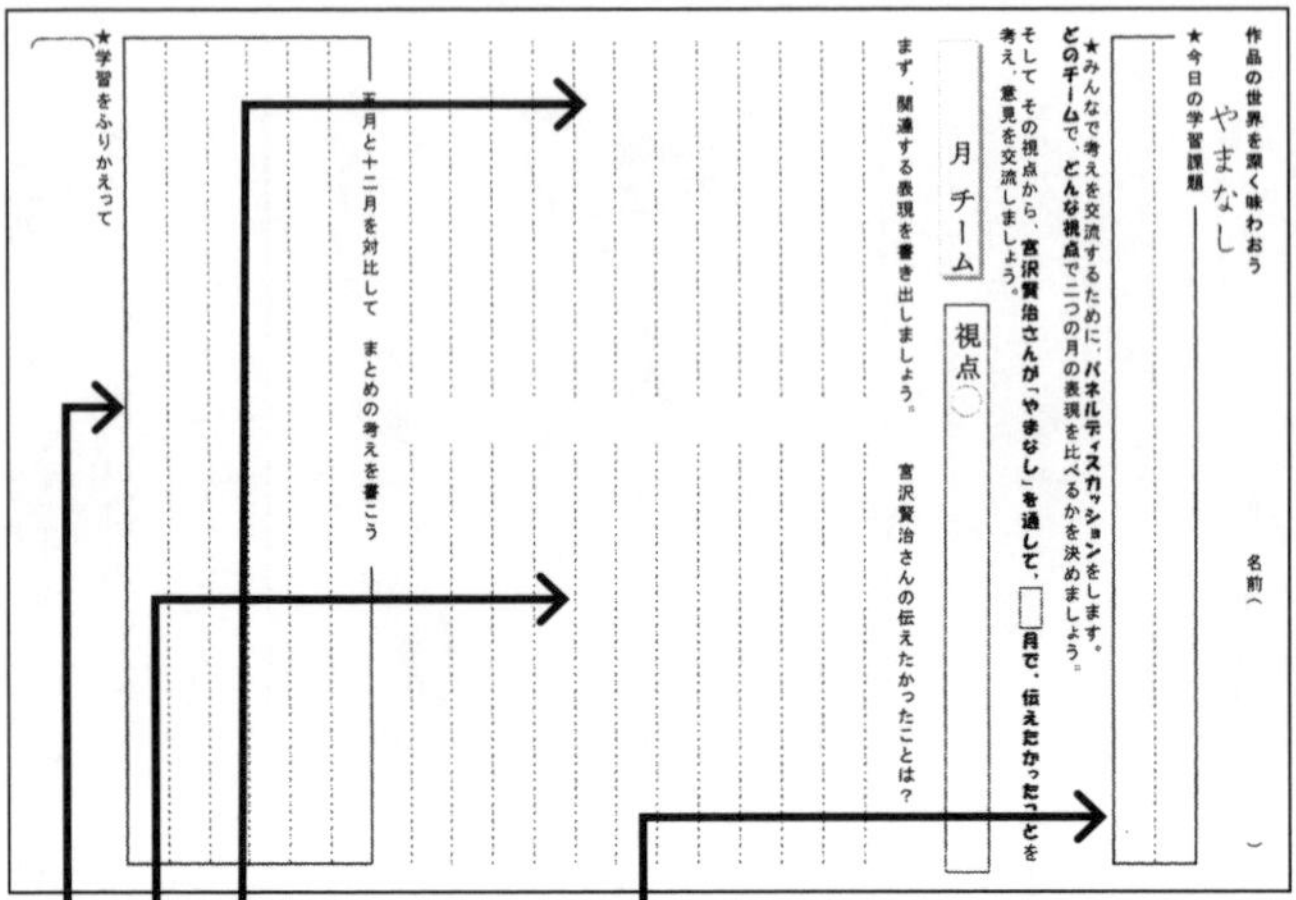

五月チームと十二月チームに分かれ、次の対応する３つの視点について、その表現から、作者の伝えたかったことを考える授業のためのシートである。

①色、光、形
②音、におい
③天井からやってくるもの

本時の課題を書く部分

「五月」（「十二月」）チームの○○の視点から宮沢賢治さんの伝えたかったことは何かを考えよう。

視点に関連する表現を見つけて書く部分

見つけた表現から、賢治の伝えたかったことを書く部分

ディスカッションの後、（変化した）自分の考えを書く部分

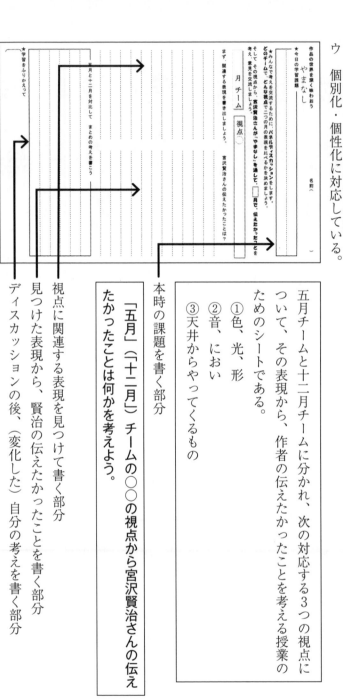

第2章

学年別　国語好きな子どもを育てる説明文・物語文の授業モデル&学習シート

1年

入門期の言葉の学習
―つくってあそぶ「かるた」・「ものの名まえ」ゲーム・「くちばし」クイズ―

1　教材の特徴と教材分析

遊びと学びをつなぐ

入門期の国語科の学習は、言葉遊びや劇遊びで指導したい。子どもたちは入学前に、幼・保育園などで言葉遊びや劇遊びをしてきている。そういった遊びから入ることで、「したことあるよ。」という安心感や「おもしろそうだな。」という興味・関心をもたせて、学びにつないでいくようにする。

まず、**つくってあそぶかるた**だが、これは「かきとかぎ」の濁音の指導の中で**てんてんへんしんかるた**をつくる。子どもたちの大好きなかるたを、自分たちでつくるのである。学びは、かきとかぎの絵と文字を書くことで、言葉と意味を一致させることである。さらに、かるたで遊ぶときには、文字をそのまま読んで絵を取るだけでなく、「てんてんへんしん、かき」と読んだら、「かぎ」の絵札を取る。同様にして「かぎ」と読んだら「かき」の絵を取ることで、濁点の意味を言葉の意味とともに理解していく。

また、「ものの名まえ」ゲームとして、**ものの名まえかるた**も盛り上がる。「ひとまとめにした名まえ」を読み札とし、取り札は「ものの名まえ」とする。たとえば、「くだもの」が読み札なら、「りんご」「みかん」「ぶどう」などが取り札となり、1枚の読み札に対して取り札はたくさんあるということになる。（札を取れなくて泣いてしまう子がいなくなるというメリットがある。）これらのかるたはグループで作成する。1人の子が読み札に「くだもの」と書くと、他の子が「ばなな」「いちご」「めろん」などと言いながら、一つ一つの名前を書いていく。この作業だけでも語彙が飛躍的に増えることになる。かるた取りの場面では、読み手が読む言葉をいち早く聞き取り、目をまんまるにして探し、全身で札を奪取する様子が見られる。このとき、どの子も語彙を確実に獲得している。

「ものの名まえバスケット」ゲームでは、鬼がひとまとめにした名前を言うと、それぞれの絵のついたお面をかぶった子どもたちが席を立って走り、空いた席に座る。お面につける絵は4つ～5つ。「ぶんぼうぐ」「どうぶつ」「やさい」などの絵をつけるが、正面につけた絵の名前を言われたら動く。しばらくしたら一斉にお面を回して絵を変えるというルールで遊ぶ。これも大喜びして遊ぶだけでなく、非常な集中力で言葉を聞き取り判断する。「先生、くだものなのにけしごむが走ってます。」などの、笑いが生まれることもしばしばである。

「くちばし」の文章には、大きいくちばしの絵の上に、そのくちばしの形状の文があり、続いて「これは、なんのくちばしでしょう。」という問いの文がある。ページをめくると、「これは○○のくちばしです。」と、答えの文が現れるようになっている。子どもたちは、形状をヒントとして、クイズに答える感覚で読めるようになっている。読んだ後で、自分たちで**くちばしクイズ**を作って楽しむことで、次のような学びにつなぐ。まず、形状を表現すること。次に、問いの文と答えの文を文型に沿ってつくること。くちばしの働きについて説明する文を書くこと。さらに、「形状と問いの文」の次に「答えと説明」がくるという文章の組み立てを学ぶ。これは、クイズ会で、子どもたちが次々と出すクイズを聞いて答える中で、楽しみながら理解されていく。

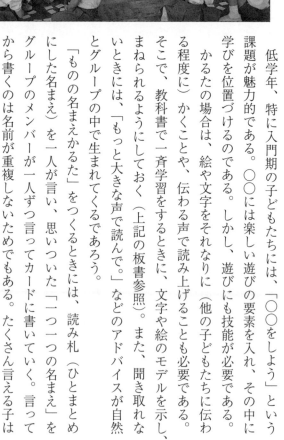

2　授業づくりの実際

（1）単元におけるしかけ

しかけ1　子どもの意欲と課題づくり（「かきとかぎ」「ものの名まえ」）

低学年、特に入門期の子どもたちには、「○○をしよう」という課題が魅力的である。○○には楽しい遊びの要素を入れ、その中に学びを位置づけるのである。しかし、遊びにも技能が必要である。

かるたの場合は、絵や文字をそれなりに（他の子どもたちに伝わる程度に）かくことや、伝わる声で読み上げることも必要である。そこで、教科書で一斉学習をするときに、文字や絵のモデルを示し、まねられるようにしておく（上記の板書参照）。また、聞き取れないときには、「もっと大きな声で読んで。」などのアドバイスが自然とグループの中で生まれてくるであろう。

「ものの名まえかるた」をつくるときには、読み札（ひとまとめにした名まえ）を一人が言い、思いついた「一つ一つの名まえ」をグループのメンバーが一人ずつ言ってカードに書いていく。言ってから書くのは名前が重複しないためでもある。たくさん言える子はどんどん名前を言い、それを聞いてみんなで次々にカードに書いていく。ここでも言葉の獲得が期待できる。子どもたちは言葉の多少を気にすることはない。自分のグループのかるたの数が増えればよいという目的（課題）をもっているからである。

しかけ2　深い学びを実現する対話指導

入門期の対話指導は、どの子にも言葉が生まれ、自然に話すことのできる「場」をつくることを一番の目的とする。それは、「遊びの場」である。

遊びをつくり出すときには、どの子も興味と意欲をもって取り組むものである。かるたを作るときにうまくいかない子は、「ねえ、どうやって書くの。」と聞きたくなる。言葉にして言えれば、対話の第一歩である。隣の子のかるたをじっと見てまねてつくっているのも、対話への兆しである。そのような様子をしている子には「見せてね。」、隣の子には「ここから書くんだよ。」と、聞き方、教え方の会話も示すとよい。「ありがとう。」「よかったね。」「いっしょにやろうね。」などの言葉も同時に言わせていくと、よりよい対話の基礎指導となる。

遊びにはルールがある。どの子も同じように楽しむために「順番」「交代」「じゃんけん」などを行う。これらのルールをはじめに示しておくことが重要である。それでも、一人だけルールを無視して優位に立つと「ずるい。」とけんかになる。また、仲間はずれをつくると泣いたりして遊びが楽しくなくなる。グループでの遊びは、はじめのうちはこの「けんか」や「泣き」が多い。どの子も真剣に、また非常な意欲をもって「勝ちたい」「楽しみたい」と思っているからである。だからこそ、自分の正当性をなんとか言葉にして相手に訴えようとするし、早く解決して遊びたいという欲求も強い。この「伝えたい」「訴えたい」という強い意欲を、言葉が生まれる場と教師が見てとり、言葉にして伝え合わせる。そしてよりよい解決に向かわせ、遊びとして楽しませるのである。このようにして、言葉できちんと思いを伝え合う学級ができると一人一人のよりよい考え方や思いのもち方も、導いていくことができるようになる。遊びの場での個々の子どもの様子を見て、それぞれの言葉が生まれる場に、教師がしっかりと立ち会って指導することは非常に重要である。

しかけ3　学習シートの工夫点（「くちばし」）

次ページは、「くちばしクイズ」をつくるための学習シートである。

工夫点①　くちばしに色を塗ることができるようになっている。これは、くちばしの形状に意識を向け、くちばしの「ようす」でヒントを書くのだという意識をもたせるためである。

工夫点②　問題の文、答えの文、くちばしの説明の文、この3つで構成されることが分かる。

工夫点③　問題の文と答えの文は、教科書の本文と同じにしてある。本文を正しく視写するために、文字数とマス目の数を合わせ、さらに句読点や小さく書く字を意識して書けるようにした。

工夫点④　クイズをつくるための鳥の資料「とりのくちばしの　おはなし」（左図の資料参照）を複数作成した。また、その資料の鳥や教科書に出てくる鳥に合わせたイラストを入れた。

とりのくちばしの　おはなし　　なまえ（　　　）

たか

ひんと

さきがするどくまがった　くちばしです。

たかの写真を入れる

せつめい

たかは、するどくまがったつめでえものをつかまえます。
そして、するどくまがったくちばしで、えものをひきさきます。

学習シート例

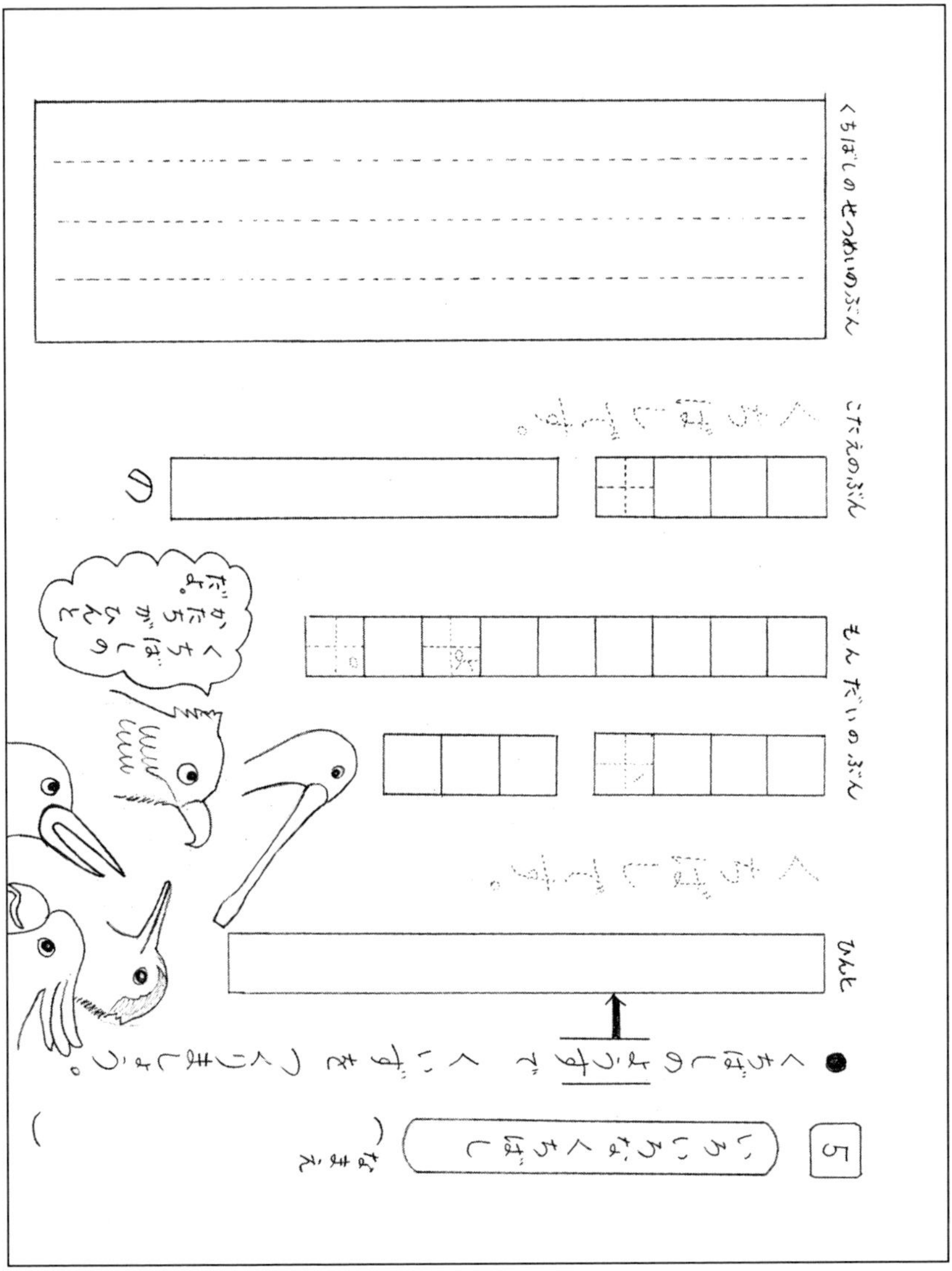
5
いろいろなくちばし
（なまえ　　　）
●くちばしのようすで　くいずを　つくりましょう。
ひんと
くちばしです。
もん　だいの　ぶん
こたえのぶん
の
くちばしです。
くちばしのせつめいのぶん
くちばしのかたちがひんとだよ。

（2）授業展開例（「くちばし」）

①単元の目標

○「これは」を使って、問いの文と答えの文をつくり、主語と述語の関係に気づくことができる。

（知識及び技能）

○くちばしの形で問いをつくり、答えとそのはたらきを説明するクイズをつくることができる。

（思考力、判断力、表現力等）

○鳥のくちばしの形について興味をもち、その働きについて正しく読み取ろうとしている。

（学びに向かう力、人間性等）

②指導計画（全6時間配当）

1次　いろいろな鳥のくちばしの形について学習する、自分たちでクイズをつくるというめあてをもつ。…1時間

2次　教科書に出てくる鳥のくちばしの形とその働きについて知る。…3時間

3次　自分たちでつくった鳥のくちばしクイズをする。…2時間

③展開例（第5時）

1　鳥のくちばしのクイズを作る。

活動»　くちばしに、色を塗ろう

学習シート（前ページ参照）を手にした子どもたちは、まず鳥のイラストを見るだろう。「オウムがいるよ。」「これはタカだよ。かっこいいな。」などという声があがったところで、課題**「くちばしクイズをつくろ**

う」を提示する。クイズのヒントは形だから、まず、どんな形かくちばしに色を塗ってみる。なんとなく絵全体を見ていた子どもたちは、くちばしに色を塗ることで、長さや太さ、あるいは先が尖ったり曲がっていたりといった特徴をつかむ。「太いね。」「曲がってる。」「つんとしてるよ。」「ごはんのおしゃもじみたい。」「この尖ってるので、えさをひっかけるんだ。」などというつぶやきを取り上げて板書する。そして、これらの形状を表している言葉をひとまとめにして「くちばしのようす」と書く。この「ようす」という言葉は、学習シートに対応させているので、きちんと板書し、意味をつかませることが大切である。

活動 クイズの鳥を選ぼう

資料「とりのくちばしの　おはなし」の中からクイズにしたい鳥を選ぶ。「へらさぎ」「しぎ」「すずめ」「たか」「つる」「かわせみ」「めじろ」など、作成した資料の中から選んでもよいし、鳥の図鑑から選んでもよい。（しかし、図鑑の写真と文からくちばしの様子を言葉にするのは1年生には困難なので、支援を要する。）

活動 クイズの言葉を考えよう

「なんでしょう。」「なーんだ。」などの言葉が子どもたちから出てくる。それだけでは分からないので、「これは」や「なんの（だれの）」「くちばしでしょう。」をつけて、きちんとした問題の文にする。このとき、教科書の文を思い出す子が出てくる。学習シートの「もんだいのぶん」にクイズの言葉を書き入れる。

活動 答えと説明の文を書こう

答えと説明の文を書いた後に、出題者とのやりとりの仕方も話し合っておくとよい。例えば、「正しい答えを言ったら『正解です。』と言います。その後に、『これは○○のくちばしです。』ともう一度答えを言ってから説明してあげるともっと分かりやすいですよ。」

活動》 クイズ会の準備をし、楽しいクイズ会をしよう

クイズをより楽しく分かりやすくするために、画用紙にくちばしの絵を大きく描く。もう一枚の画用紙には、答えとなる鳥の絵を描く。次に同じ鳥を選んだ子どもたちでグループになり、絵を描いたりクイズを言う練習をしたりする。クイズ会では、ほかのグループへ行って、問題を解いたり、交代してクイズを出したりする。

④評価

くちばしの形で問いと答えと説明の文を作り、それを使ってクイズを楽しむことができる。［評価の方法：クイズ会の観察、学習シート］

【参考資料「とりのくちばしの　おはなし」】

とりのくちばしの　おはなし

なまえ（　　　　）

すずめ

ひんと

ふとくて　みじかいくちばしです。

すずめの写真を入れる

せつめい

すずめは、ふとくてみじかいくちばしで、たねや、おこめなどをつつきます。そして、こまかくしてたべます。

とりのくちばしの　おはなし

なまえ（　　　　）

かわせみ

ひんと

からだはちいさいのに、おおきなくちばしです

かわせみの写真を入れる

せつめい

かわせみは、みずにもぐってさかなをくわえます。そして、おおきなくちばしで、しっかりとさかなをくわえ、みずからでてきてたべます。

とりのくちばしの　おはなし

なまえ（　　　　　）

しぎ

ひんと

ほそながくて、したにまがったくちばしです。

せつめい

しぎは、つちやどろのなかにのなかにくちばしをさしこみます。そして、かにやかいをひきだしてたべます。

しぎの写真を入れる

とりのくちばしの　おはなし

なまえ（　　　　　）

へらさぎ

ひんと

はばがひろくて、ひらたいくちばしです。

せつめい

へらさぎは、ひらたいくちばしで、えものをさがします。そして、はさんでつかまえます。

へらさぎの写真を入れる

とりのくちばしの　おはなし

なまえ（　　　　　）

つる

ひんと

ながくて　さきがするどくとがったくちばしです。

せつめい

つるは、ながいくちばしでくさむらをさぐります。そして、するどいくちばしで、たべものをつきさしてたべます。

つるの写真を入れる

とりのくちばしの　おはなし

なまえ（　　　　　）

めじろ

ひんと

さきがほそく　とがったくちばしです。

せつめい

めじろは、ほそいくちばしのさきを、はなのなかにいれます。そして、はなのみつをすいます。

めじろの写真を入れる

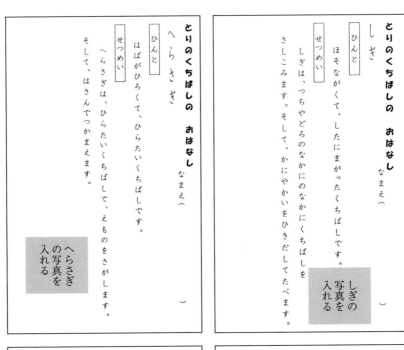

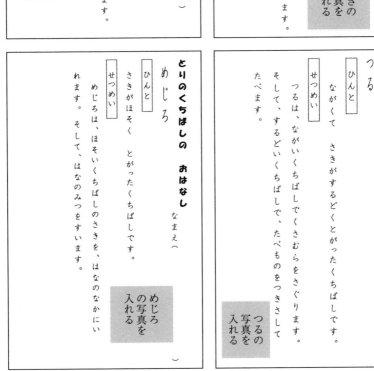

1年 入門期の文学教材の学習
―「おむすびころりん」「おおきなかぶ」「くじらぐも」―

1　教材の特徴と教材分析

劇遊びから、想像豊かに読み取る学習へ

低学年の「お話」の学習（文学教材）は、劇遊びを中心に指導したい。子どもたちは登場人物になりきって動きや言葉をまねる「なりきりあそび」が大好きである。このとき、①様子を想像し、②共感をもって心情を捉えているのである。また、見る方は「いいな」とか「自分だったら」などの③感想を生み出している。①～③の学びを教材の特徴や子どもの興味に応じて、みんなで役になりきって演じる「劇」に仕立てることが「遊び」と「学び」をつなぐことになる。

まず、「おむすびころりん」だが、文にリズムがあり、歌うように声をそろえて読みたくなる文章である。特に「おむすび　ころりん　すっとんとん　ころころ　ころりん　すっとんとん」は、おむすびが落ちて転がる様子や、すっとんとんと足を踏みならして踊る様子が目に浮かぶ調子のよい文で、幾度か繰り返されるたびにお話が展開していく。この文章を劇にすると、誰がこの歌を歌っているのかを考えることになり、場面の様子がはっきりと浮かんでくる。特に、3回目の歌は誰が歌うのかを考えさせると、絵にも文にも表れていない地下のねずみたちの姿が「うたにあわせて」から浮かんでくるのである。また、劇なので小道具であるおむすびやねずみのごちそう、小判などを作らせると、子どもたちは大喜びで昔話の世界に入る。おむすびにのりがついていない理由など、細かい部分まで想像してさらに生き生きと表現するようになる。つまり、この教材では①の様子の想像が主となる指導になる。続いて「おおきなかぶ」の劇化では、登場してくる順にかぶを引っ張るので、演じることで物語の展開を捉えることになる。また、人物の台詞を自分で想像して言うことで、②の共感をもって捉える学習につなぐ。この台詞は、みんなが力を合わせることや、後で一緒に仲良くかぶを食べようという気持ちに共感することで生まれる。この指導は作品の主題にもつながっていくであろう。

これら2つの話に共通しているのは「繰り返し」である。繰り返される言葉は、覚えやすく調子がよいので、子どもたちは声をそろえて唱える。すると、次の展開になるという「幕」の部分になるのである。繰り返す言葉で新たな場面になり、出演者が出てくる。こうして次の展開へのわくわく感がさらに膨れ上がることになる。

「くじらぐも」は、運動場で体育をしている一年二組の子どもたちの頭上の青い空に、大きなくじらの形をした雲が現れるという、実際に起こりそうな話である。一年○組と自分たちのクラス名を当てはめ、みんなで声をそろえて「おうい。」「ここへおいでよう。」と呼びかけるように音読を進めると、すぐにお話の一年生になりきって読み深めることができる。くじらに乗ってからは、思い思いの想像を膨らませて楽しむことのできる内容がいっぱいである。くじらのどこに乗ったのか。海、村、山のほうで見えたものは。その後、どこへ行ったのか。みんなは何の歌を歌ったのか。子どもたちは、自分だったらと考えて想像を膨らませるが、この想像は、みんなと共有することでさらに楽しさを増す。○くんの隣にぼくも乗っている。○ちゃんの見えたものは私にも見える。そして声をそろえて歌う。このような一体感のある学習が生まれる教材である。

2　授業づくりの実際

（1）単元におけるしかけ

しかけ1　子どもの意欲と課題づくり

課題というものは、本時において自分が何をするか、また、そのすること（活動）を成功させるために、何について考えるのかが明確であること。さらに、そのことにわくわく感がもてるものであることが重要である。

劇化した場合の課題は、次のように設定する。

「おむすびころりんげきじょう」

【課　題】

①じぶんのやくのせりふを、大きなこえでよめるようになろう。
②おじいさんがあなにおちるところまでのげきをしよう。
③げきのどうぐをつくろう。
④ねずみのおうちにいったおじいさんのげきをしよう。
⑤おうちにかえったおじいさんのげきをしよう。

【学習内容】

○全員が何かの役になることで、その人物の動きや台詞に注目して文を読む。
○劇にすることで、場面の展開や、相手の言葉や動きにも注目して文を読む。
○文にない台詞や道具なども作って演じることで、想像を膨らませる。

みんなで劇を演じていくと、子どもたちから、声の調子や動きについて「そこは、こうなんじゃないかな。」という意見が出てくる。そこを読みの課題として、随時取り上げ、叙述に着目させて解決していく。

【「何について考えるのか」読みの課題例】

・自分の役の台詞（相手役も）を色鉛筆で囲もう。（おじいさん色、ねずみ色などで印をつける。）
・（小道具作りから）
おむすびはのりがついていないのかな。誰がつくったのだろう。（たぶんおばあさん）
ねずみのごちそうはどんなのだろうか。（人間のところからもらってきた）
小判やお米のほかに、何が出てきただろう。（宝物も作ろう）
・3回目の歌は、誰が歌うのだろう。おじいさんだけかな?
・おばあさんの台詞もつくって劇をしよう。① …「おおきなかぶ」につなぐ

「おおきなかぶ」も、おむすびころりんと同じような課題になるが「○○の台詞をつくって劇にしよう。」①が中心となる。次々とひっぱる孫や動物たちが、手助けをお願いしたり、かぶを一緒に食べたいことなどを台詞にして作ることが予想される。

「くじらぐも」は、今までの劇をつくる課題から少し深まって、読みの課題が中心となる。なりきって動いたり読んだりするのは同じだが、そこで生まれる疑問をみんなで考えていくようにする。

【読みの課題例】

・五十センチよりもっと高く跳べない子はどうしよう。
・雲の上から何が見えるかな。みんなで何の歌を歌うか決めて一緒に歌おう。
・くじらぐもに手紙を書こう。

しかけ2 深い学びを実現する対話指導

入学して間もない1年生に、対話は困難である。特に、劇をすることになると、子ども同士では意思の疎通がなかなかできない。そこで、示した3つの教材を指導する段階を次のように捉え、少しずつレベルアップを図る。「おむすびころりん」の時期は初期段階で、まだ周りの子のことがあまり分からない時期である。「おおきなかぶ」の頃は、席が近くの子と少し慣れた段階での指導となる、「くじらぐも」の頃はクラスのほとんどの子と知り合いになった段階である。このように、入学後の子どもたちが、周りの子とコミュニケーションをとれる間柄になっているかを考慮して、グループ構成や指導計画を工夫することが大切である。

(1)「おむすびころりん」の時期には、机の列（左図では、6列）ごとに、役割を決める。

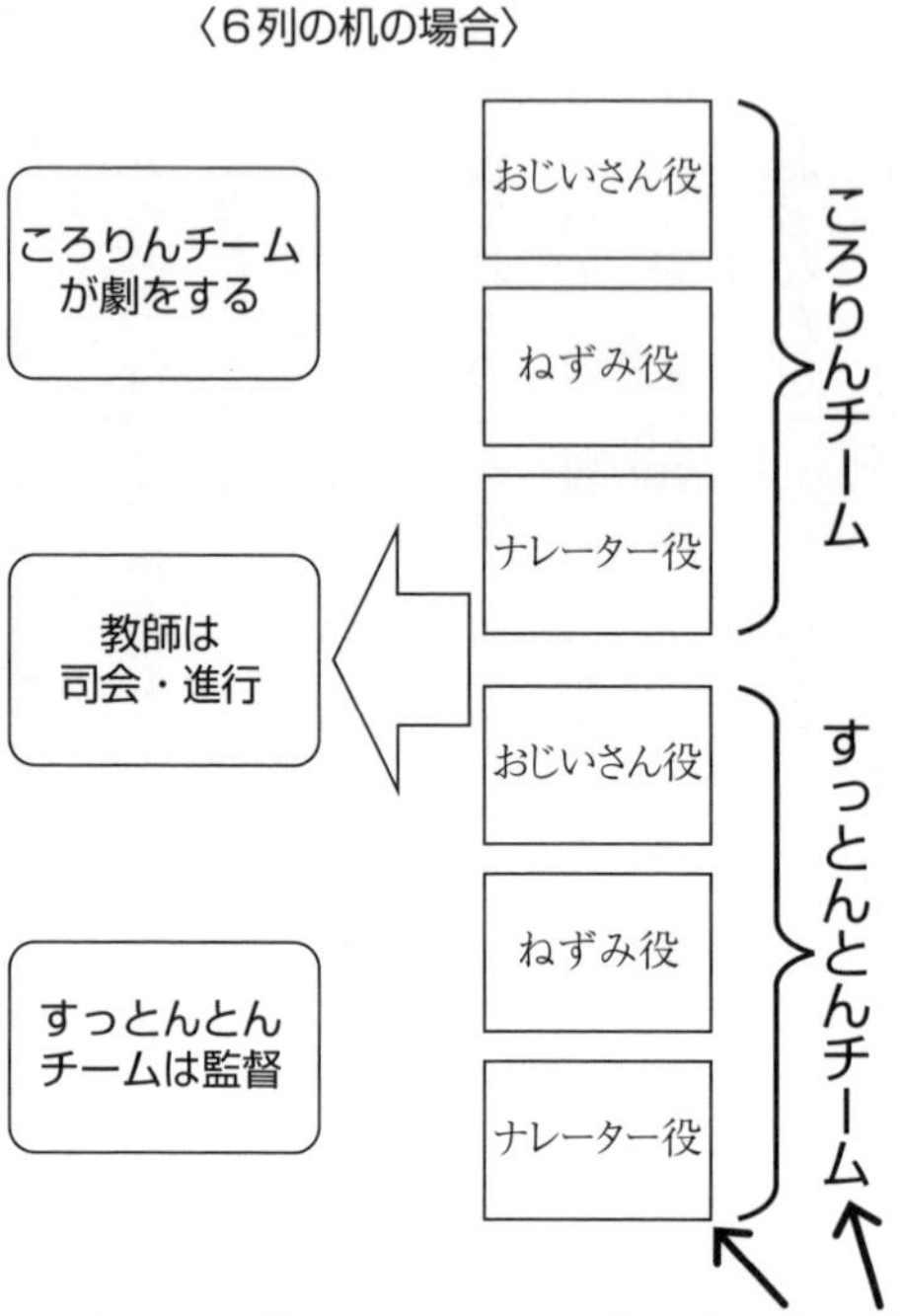

①クラス全体を2つのチームに分ける。
②それぞれのチームを3つの役のグループにに分ける。
③教科書の、自分の役、他の役部分に印をつける。
④クラス全体で、役割音読をする。
（自分たちが読む番には、列で立って音読する。）
⑤チーム別に、一場面ずつ劇をする。
それぞれの役のグループが一緒に台詞を言い、動作もつける。見ている監督チームはアドバイスをする。

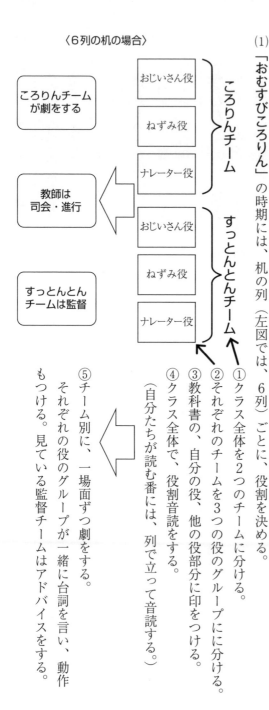

(2)「おおきなかぶ」の時期には、席が近くの子ども同士で6～7人のグループになり、役を決めて演じる。おじいさん、おばあさん…の順に登場するが、かぶをぬくのを手伝ってほしいことを台詞にして言うことになる。「犬さん、かぶがぬけないのよ、手伝ってくれる。」「わんわん、いいとも。」というような会話で劇をつないでいくことが、対話のある学習となる。

(3)「くじらぐも」の時期になると、席が近くなくても仲良しであったり、一緒に何かをした経験をもっているので、全員あるいはグループで、お話の人物になりきって活動したり話し合ったりできるようになる。

- くじらぐもに出会う場面からジャンプして飛び乗る場面…くじらぐもと子どもたちグループ
- くものくじらにのって、いろいろなところへ行く場面…行きたい場所別グループ

行きたい場所別グループでは「うみ」「むら」「まち」「そのほか」で分かれ、それぞれの場所で見えるものや、一緒に歌う歌を決める。行きたい場所が同じ子どもたちが集まるので、その場所の挿絵から見えるものや想像したものを生き生きと話し、お互いの意見を興味をもって聞き合うことになるであろう。

しかけ3 学習シートの工夫点（「おおきなかぶ」「くじらぐも」）

工夫点① どの子も共通に学習してほしい事柄を入れる。（視写では「、」「。」助詞などを正しく書かせる工夫など）

工夫点② 子ども一人一人が自分の想像を書き入れる部分は、縦罫だけを入れて個人差に対応する。

工夫点③ 早く書き終わった子は、塗り絵ができるような挿絵にする。

学習シート例

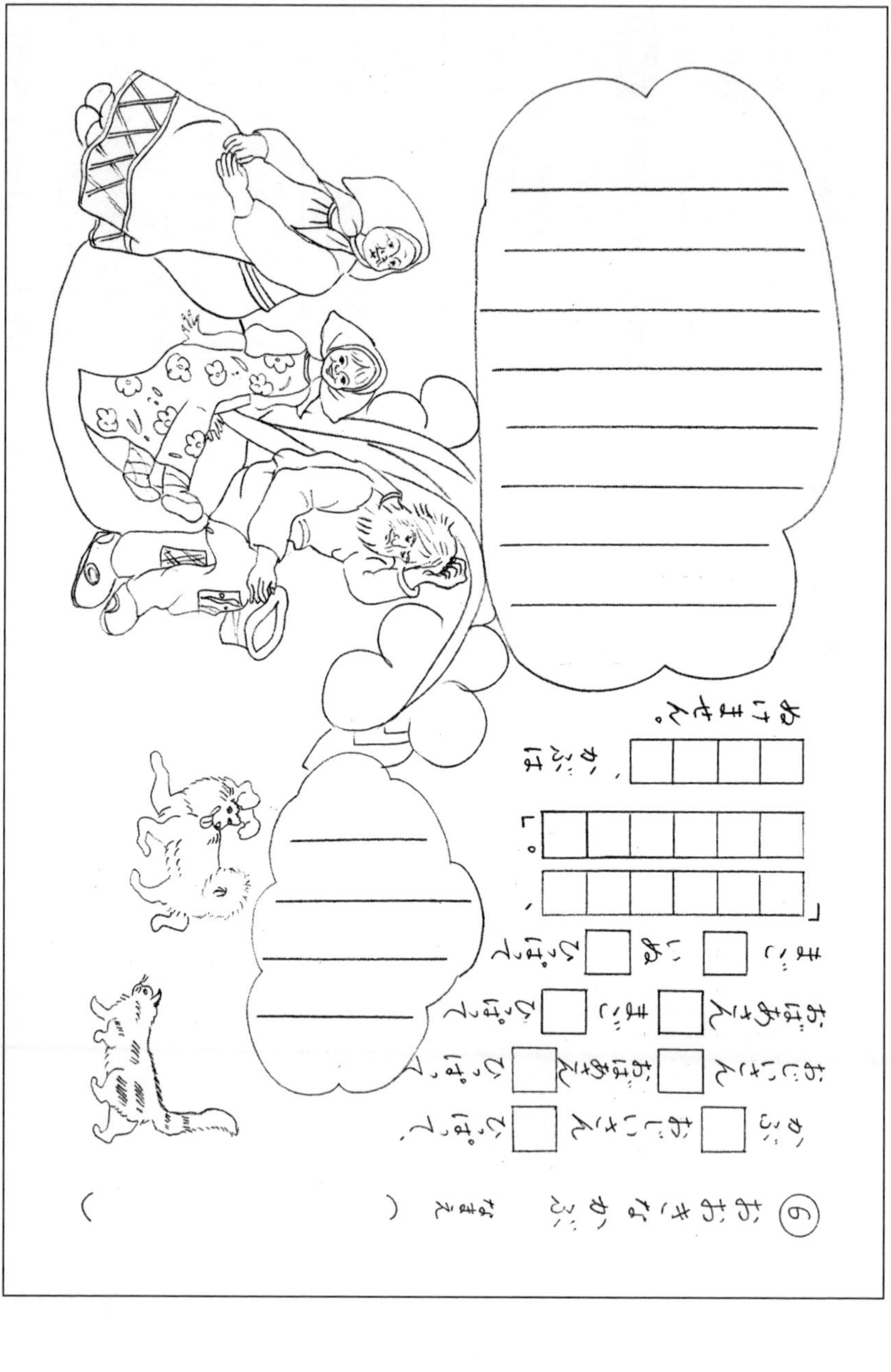
⑥ おおきなかぶ
なまえ（　　　　）
かぶ □ おじいさん □ ひっぱって、
おじいさん □ おばあさん □ ひっぱって、
おばあさん □ まご □ ひっぱって
まご □ いぬ □ ひっぱって
「□□□□□□、□□□□□□。」
かぶは、□□□□ ぬけません。

学習シート例

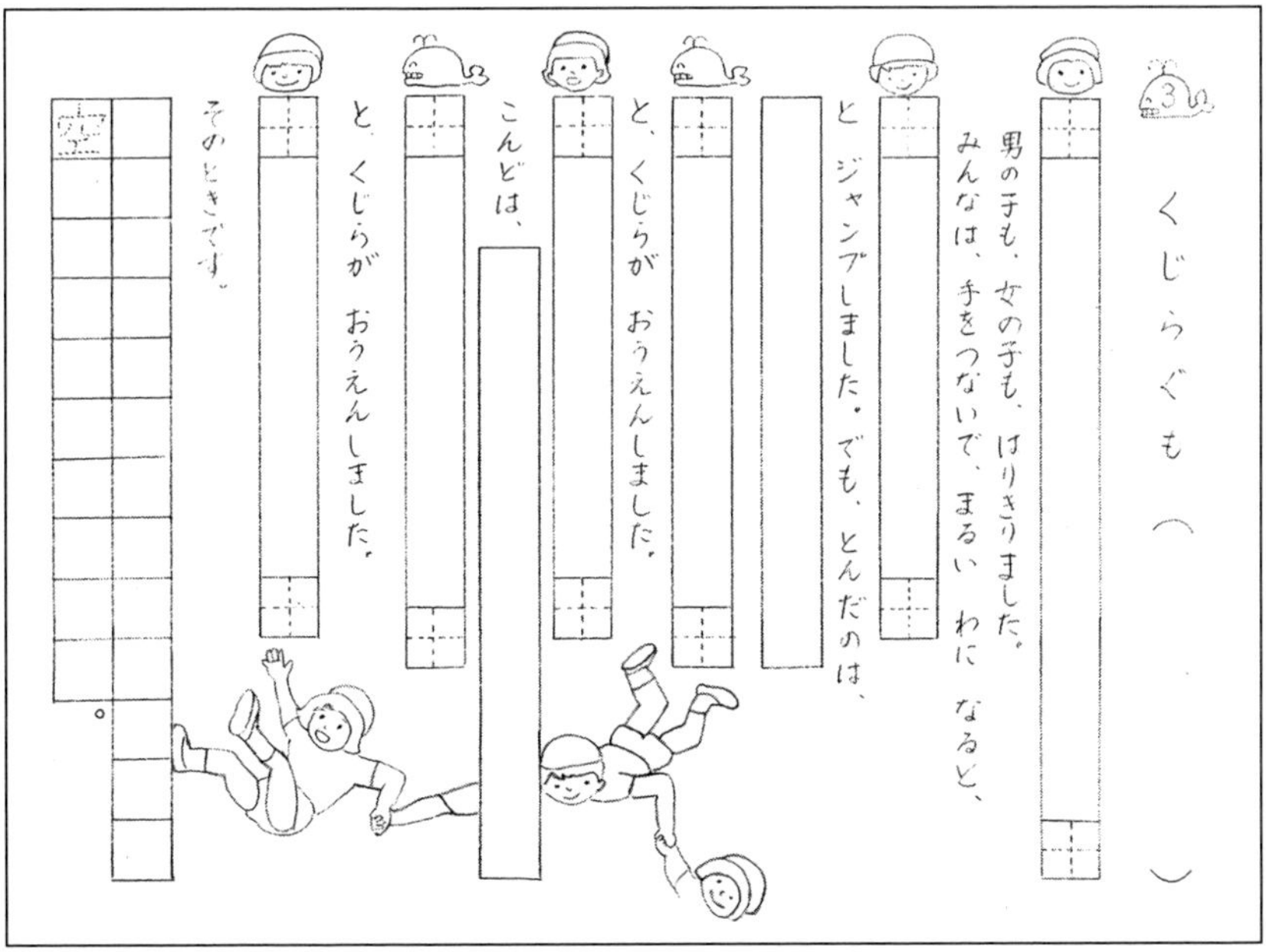
くじらぐも（　　　　）

男の子も、女の子も、はりきりました。
みんなは、手をつないで、まるい　わに　なると、

と　ジャンプしました。でも、とんだのは、

と、くじらが　おうえんしました。

こんどは、

と、くじらが　おうえんしました。

そのときです。

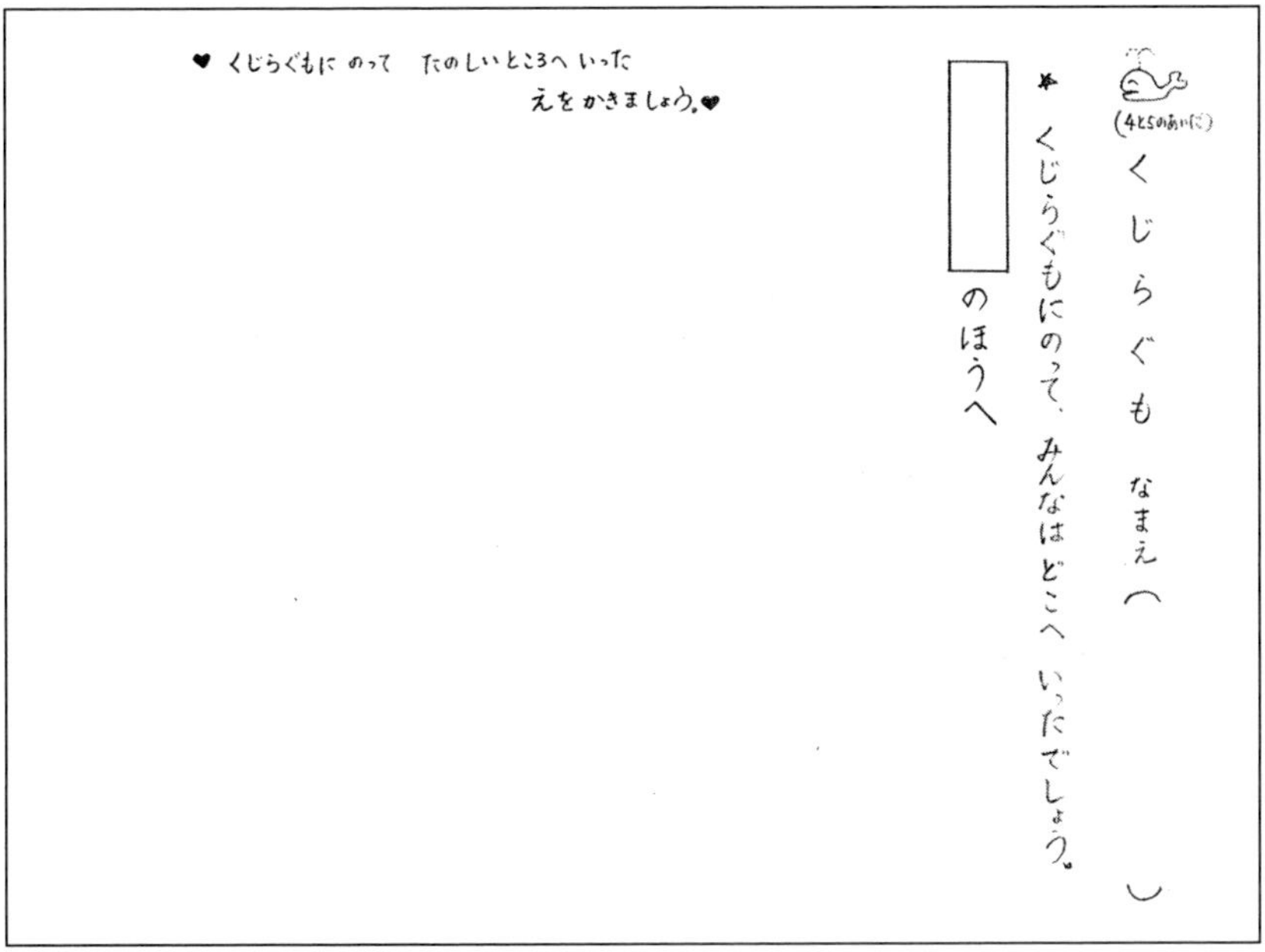
（4と5のあいだ）
くじらぐも　なまえ（　　　　）

＊くじらぐもにのって、みんなはどこへ　いったでしょう。

のほうへ

♥くじらぐもに のって　たのしいところへ いった
えをかきましょう。♥

（2）授業展開例（「くじらぐも」）

①単元の目標

○「」の部分を話し言葉として読んだり、「」を使って話した言葉を書いたりできる。（知識及び技能）

○くじらぐもや子どもたちになりきって音読したり、想像したことを話したりできる。（思考力、判断力、表現力等）

○場面の様子や登場人物の行動などについて、想像を広げながら読んだり書いたりしようとする。（学びに向かう力、人間性等）

②指導計画（全6時間配当）

1次　お話の全体を読んで、好きなところを話し合い、音読のめあてをもつ。…1時間

2次　くじらぐもと子どもたちに分かれて、「」を読んだり動作化したりする。…2時間

3次　お話の子どもたちになりきって、想像して話したり歌ったりする。…3時間

③展開例（第3〜4時）

1　くものくじらに飛び乗る場面を想像する。

活動》　みんなでくものくじらに飛び乗ろう

教室の前半分を、「なりきりスペース」とする。（後ろ半分は学習スペースで、教科書を読んだりシートに書いたりする場所）次ページの写真は、くものくじらに飛び乗ろうとジャンプする場面である。ここでは「あまり高く跳べない子もみんなそろって雲に飛び乗るにはどうしたらいいだろう。」という問いが生まれ、「本の子どもたちのように手をつなぐんだよ。」の意見に賛成して、全員がうれしそうにジャンプした。「ヒューッ。」

と言いながらいつまでも飛び回る子どもたちに、「いつになったらくじらに乗るのかな。」と問いかけたところ、「あっという間だから、先生『あっ』と言ってね。」と、あっという間に飛び乗った。

2　くじらに乗って行く様子や場所を想像する。

活動》 くじらぐもに乗って、楽しいところへ行こう

くじらぐもに乗って行きたいところを決めるときに、次の4つ①うみ②むら③まち④そのほかから選ぶようにする。学習スペースに戻ってシートに絵と文でかく。

活動》 海のほうへ行ったら何が見えただろう

海を選んだグループは、くじらぐもに見立てた椅子に乗る。2～3列に並んだ椅子に座ることで、きちんと話したり聞いたりする態度が生まれ、歌う時も、声をそろえて一生懸命に歌うようになる。また、並んだ椅子に座ることで、電車ごっこをするような楽しい「ごっこ遊び」の感覚が生まれ、子どもたちは生き生きと想像したことを話すようになる。同様にして、「むら」「まち」「うちゅう」「〇〇ランド」などへ行くグループが、「見えたもの」と「歌」を発表する。

④評価

教科書の言葉に着目して音読や動作化ができたか。また、想像したことを絵と文で表すことができたか。

［評価の方法：なりきりスペースでの観察、学習シート］

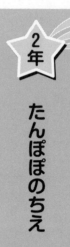

2年 たんぽぽのちえ

1 教材の特徴と教材分析

子どもたちにとって身近なたんぽぽが、仲間を増やすためにさまざまな工夫をこらしていることを、正確で美しい挿絵とともに、順を追って分かりやすく書いている。ふだん見慣れている自然の中から、驚きと不思議さを感得させてくれる教材である。このような興味を引く内容に加えて、文章が擬人化されていることから、子どもたちが、たんぽぽが主人公である絵本を読むような楽しい気持ちで読み進めることができる文章である。

たんぽぽの「ちえ」って？

「ちえ」とは、「ものごとを考えたり、判断したりする頭のはたらき」（『三省堂現代新国語辞典　第三版』）という意味で、考えることができる生き物、つまり人間がもっている能力である。しかし、人間以外の動植物の場合でも、環境に合わせて生きるために、本来備わっている生態として「ちえ」を使う場合がある。ここでは、たんぽぽが「ちえ」をもっているという設定で、擬人化された文章になっていて、たんぽぽの様子（生態あるいは事象）とその理由を読み取ることで、「ちえ」を働かせていることが分かるようになっている。

事象とその理由で構成された文章

「ちえ」が書かれている文章は2段落ずつで構成され、はじめの段落はたんぽぽの事象つまり変化の様子を、次の段落ではその理由を書いている。これを子どもたちに理解させるには、劇化する指導が効果的である。説明的な文章だが、「ぐったりと」「休ませて」「せのびをするように」といった表現で、たんぽぽが主人公のお話のように感じられ、子どもたちはたんぽぽになりきって動いたり話したりしようとする。たんぽぽが変化した様子を1段落目で見つけて動きで表し、その理由を2段落目の「～のです。」や「～からです。」に着目させて見つける。この繰り返しで4つの「ちえ」について劇化していくと、事象とその理由の組み立てが自然と理解される。また、生活科などで飼育している生物についても、この「事象」と「理由」を結ぶ考え方で捉えると、観察眼が鋭くなり、表現が生き生きと豊かになる。「みんなで見つけた『ちえ』を集めて『○○図鑑をつくろう』」といった表現活動を設定することで、事象と理由で構成する説明文を書く力も育てることができるだろう。

順序が分かる言葉

1、2年生の国語科の大きな目標の一つに「順序立てて考える力の育成」がある。2年生では「時間的順序」がこの「たんぽぽのちえ」で指導される。「春になると」「二、三日たつと」「やがて」「このころになると」といった時を表す言葉で、時間的な順序が分かるようになっている。これに加えて「よく晴れて、風のある日には」「しめり気の多い日や、雨ふりの日には」のような並列的な表現もあり、最後に、これまでに示された4つの「ちえ」の理由を「このように」でまとめて「あたらしいなかまをふやしていくのです。」でしめくくっている。

「このように」はこれから先も、これまでの話題をまとめ結論を示す接続詞として指導される。説明文や論説文の構成のキーワードとして、その役割を理解し、使えるようにしたい言葉である。

2　授業づくりの実際

（1）単元におけるしかけ

しかけ1　子どもの意欲と課題づくり

本単元を指導する時期は、まさにたんぽぽが咲いている4月から5月にかけてである。「帰り道に咲いてたよ。」「もう白いわた毛をつけてた。ふーっと飛ばしたよ。」など実際にたんぽぽを見たり触れてみたりした声が子どもたちから聞かれるだろう。たんぽぽの様子や変化に着目させるために「日記」などでたんぽぽを見つけた経験を絵と文で表現させてもよい。児童が見つけるたんぽぽは、花であったりしぼんでいたり、わた毛になっていたりする。さまざまな時期のタンポポの絵を並べてみると、「どんな順番で変わっていくのだろう。」という疑問が生まれる。このタイミングで教材文「たんぽぽのちえ」を読むのである。一読しただけで、子どもたちは、自分たちが見つけたたんぽぽの変化の順を挿絵から理解することができる。「では、『いつ』どんなじゅんでかわっていくのだろう。」とさらに時間的な問いを入れて課題を作る。課題①

題名「たんぽぽのちえ」からも子どもたちは疑問を見つける。「『ちえ』ってなんだろう?」という問いに対しては、「うまくいくように考えて何かをすることですよ。」と教えてもよいし、普段の生活の中で、「こうなるといいなと考えて○○したんだね。『ちえ』があるね。」などと使うのもよいだろう。そこで、「たんぽぽは草花なのに『ちえ』がある。」そこから、「たんぽぽはどんな『ちえ』をはたらかせているのだろう。」という課題が生まれるであろう。課題②

ここでの大切なしかけは、「ちえ」とは考えて行動していることだという認識をもたせることである。たんぽぽの場合、「事象の変化」が行動であり、「変化する理由」が考えであるという意味づけをしておくと、「『たんぽぽのちえ』のげきをしよう」課題③の学習のときに役立つ。このたんぽぽのちえの劇をつくっていく際に、さらに色々な課題が生まれるであろう。例えば、次のような内容である。

①主人公たんぽぽの役は、変化するごとに入れ替わるようにすると、何人必要か。課題④

1人目…黄色い花、2人目…たおれるたんぽぽ、3人目…白いわた毛をつけるたんぽぽ、4人目…ぐんぐんのびるたんぽぽ、5人目…天気によってわた毛を開いたり閉じたりするたんぽぽ、6人目…あちらこちらに飛んでいって仲間を増やすたんぽぽ、というようにたんぽぽの変化を捉えることができる。

②ナレーター役は、いつたんぽぽが変化したかが分かる言葉を言ってから、読み始めることにする。そこで、「いつのことかわかることばを見つけよう。」課題⑤

また、たんぽぽ役が、変化の理由を言う台詞を考える課題⑥も生まれる。（これについては、後述 しかけ2 の対話指導で詳しく説明する。）

課題例

①たんぽぽはどんなじゅんでかわっていくのだろう。
②たんぽぽはどんな「ちえ」をはたらかせているのだろう。
③「たんぽぽのちえ」のげきをしよう。
④たんぽぽのやくは何人?
⑤いつのことかわかることばを見つけよう。
⑥たんぽぽのせりふを考えよう。

しかけ2 深い学びを実現する対話指導

ここでは、たんぽぽのちえの劇をすることで対話が生まれる指導を提案する。

たんぽぽが黄色い花を咲かせたところから始まり、時がたつと変化するのを動作で表す。そして、その変化の理由をたんぽぽが話し、最後はあちらこちらに種を散らすところで幕となる。キャストは、時間ごとに変化するたんぽぽなので、最高6名とナレーター2名である。1人2役にすると4名で、グループ指導にちょうどよい人数となる。このグループで対話が生まれるのは、たんぽぽの様子を動作で表すところや、なぜそんなふうに変わったのかを話す台詞の部分である。

段落番号　変化した時が分かる言葉（ナレーターがカードで示す）

⇩　⇩

②二、三日たつと、その花はしぼんで、だんだん黒っぽい色にかわっていきます。そうして、たんぽぽの花のじくは、ぐったりとじめんにたおれてしまいます。

③けれども、たんぽぽは、かれてしまったのではありません。花とじくをしずかに休ませて、たねに、たくさんのえいようをおくっているのです。こうして、たんぽぽは、たねをどんどん太らせるのです。

「たんぽぽのちえ」（うえむらとしお）『こくご二上たんぽぽ』光村図書〈令和2年度版〉

〈2段落〉事象…動作で表現する

部分に着目した子が意見を言い、「しぼんで」「ぐったりと」などをどう表現するかを話し合う。

〈3段落〉変化の理由…たんぽぽの台詞

まず、シートのふきだしに各自で台詞を書き、文章に照らして変化の理由になっているかを話し合う。

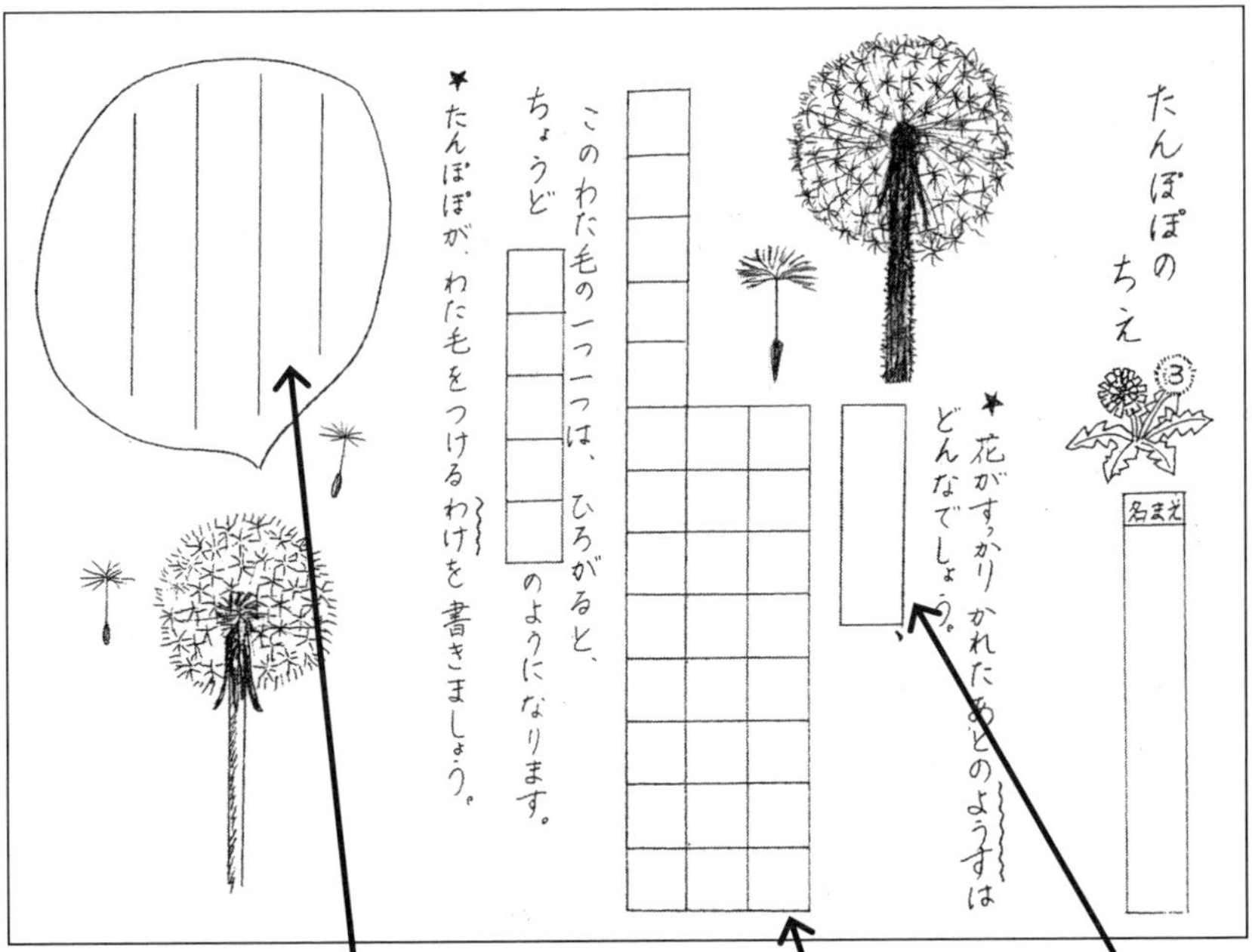
たんぽぽの ちえ ③
名まえ
★花がすっかりかれたあとのようすは どんなでしょう。
このわた毛の一つ一つは、ひろがると、ちょうど のようになります。
★たんぽぽが、わた毛をつけるわけを書きましょう。

しかけ3 学習シートの工夫点

工夫点① まず、変化した時を表す言葉を書き、次に事象の部分の文章を、次に理由をふきだしで書くという同じパターンが提示される。このやり方に慣れれば自分で書き進めることができるようになる。

工夫点② 事象の部分の文章は、部分視写をするようになっている。視写する部分のマス目を本文の文字数にぴったり合わせて作ってあるので、正しく視写されていない場合はマス目が余ったり足りなかったりする。だから、子どもたちは正しく視写できたかどうかを、自分で判断し、訂正することができる。

工夫点③ 事象の変化の理由をふきだしで書くようになっている。擬人化された文章なので、たんぽぽの気持ちになって書けるし、そのまま劇の台詞として使用できる。

学習シート例

たんぽぽのちえ　名まえ（　　　　）

、

その花はしぼんで、
だんだん黒っぽい
色にかわっていきます。
そうして、たんぽぽの花のじくは、
じめんに
たおれてしまいます。

「たんぽぽのちえ」（うえむらとしお）『こくご二上たんぽぽ』光村図書〈令和2年度版〉

（2）授業展開例

①単元の目標

○語のまとまりや、気持ちを表す言い方に気をつけて音読することができる。（知識及び技能）

○どんな順序で書かれているかに気をつけながら、事象の変化と変化の理由を、たんぽぽの動きや台詞にして表現することができる。（思考力、判断力、表現力等）

○たんぽぽの変化をたんぽぽの劇にして、順序よく分かりやすく説明しようとしている。（学びに向かう力、人間性等）

②指導計画（全11時間配当）

1次　たんぽぽの生態に興味をもち、全文を読んで学習課題をつくる。…2時間

2次　たんぽぽはどんな「ちえ」を働かせているのかを知る。…7時間

3次　「たんぽぽのちえ」の劇をする。…2時間

③展開例（第3時）

1　課題をつかむ。課題は**「ぐったりとたおれたたんぽぽは、どんな『ちえ』をはたらかせているのだろう。」**である。

2　書かれている内容をつかむ。まず、子どもたちは2、3段落を音読し、本時のたんぽぽの場面を確認する。次に、たんぽぽが変化したのがいつのことか分かる言葉を見つける。それを学習シートに記入する。さらに、たんぽぽの様子の部分（事象が書かれている部分）を「視写」する。

3　たんぽぽの様子と変化した理由を考え、「ちえ」を働かせていることに気づく。

活動≫ たんぽぽになってぐったりとたおれてしまおう

課題『たんぽぽのちえ』のげきをしよう」の入り口としての指導である。まず、全員に「ぐったりと」を体で表現させる。すると、机の上で上体を寝かせる子、床に寝転ぶ子が出てくる。ここで子どもたちの手に着目したい。ほとんどの子どもたちが、両方の腕をたんぽぽの茎に見立てて、頭の上に伸ばしてたおれている。さらによく見ると、その両手の先を少しだけ上に向けている子がいるのが見つけられるであろう。これは、挿絵をよく見て表現している子である。あるいは、「かれてしまったのではありません。」の文を体現しているのかもしれない。

活動≫ たんぽぽにインタビュー「かれてしまったのですか。」

ぐったりとたおれているたんぽぽになりきっている子どもたちに、教師がインタビューをする。

教師「たんぽぽさん、ぐったりとたおれてしまって、枯れてしまったのですか。」

A児「いいえ、枯れてはいません。静かにからだを休ませています。」

B児「こうやって、種にたくさんの栄養を送っているのよ。」

C児「横になっている方が、栄養を送りやすいです。立っていると上の方まで栄養を送るのは、大変です。」

ABの意見は、叙述を捉えて答えているので、他の子どもたちの賛同を得られる。Cの意見は、動作に表してみると、「なるほど、横になっていると楽だし、栄養も送りやすいんだね。」と納得できる意見である。

活動≫ 見ていた人にもインタビュー「たんぽぽさんのことを、どう思いますか。」

D児「たんぽぽって、考えてるんだね。賢いと思います。」

E児「種のために、いろんないいことしてるんだね。やさしいな。お母さんみたい。」

ここで出た意見から、「ちえ」という言葉の意味をきちんと捉えさせる。つまり、たんぽぽが「様子を変えた」ことにはちゃんと理由があり、それを「ちえ」というのだとまとめる。ただし教師がこの場面でこのように「ちえ」の指導をしたからといって、子どもたちみんなが理解できたと考えてはいけない。劇化して、たんぽぽが見せる「4つのちえ」を繰り返し動きと言葉で表現することで、本当に分かってくるのである。

活動≫ たおれたたんぽぽが言っていることをふきだしに書こう（60ページの学習シート参照）

活動≫ 「二、三日たつと」の場面のたんぽぽ劇をしよう

ナレーターは、変化した時が分かる言葉カードを持って、たんぽぽの様子が書かれている段落を読む。

たんぽぽ役は、動作で様子を表現し、その理由を話す。この台詞は、学習シートに書かれた内容である。

④評価

たんぽぽの変化の様子を動きで表現し、変化の理由を学習シートのふきだしに書いて、たんぽぽの台詞として表現できたか。［評価の方法：劇の動き、学習シート］

二、三日たつと、……。ぐったりとじめんにたおれてしまいます。
二、三日たつと
ぐったり
かれてしまったのではないよ。体を休ませて、たねにたくさんのえいようをおくっているんだよ。

2年 お手紙

1 教材の特徴と教材分析

仲良しのかえるくんとがまくんが織りなす楽しいお話「ふたりは―」シリーズの中のお話である。主人公の2人は、ユーモアにあふれているけれど、大人の笑いの主人公、弥次喜多や熊さん、八つぁんのように、うっかり者や粗忽者と同類ではないように思う。私は、教室の子どもたちの中にこそ同類がいると感じている。楽しいことやいいことを思いついたら、そのことだけを考えてまっしぐらの「かえるくん」は、子どもたちの姿そのままである。思い通りにいかないとすねたり怒り出したりするけれど気のいいがまくんも、教室の子どもたちの中に必ずいる。足は遅いが自信たっぷりに「まかせてくれよ。」「すぐやるぜ。」というかたつむりくんも、自分の力を過信して「やります。できます。」とはりきる子と重なって見える。子どもたちも、かえるくんとがまくんは、自分たちと同じ子どもの世界にいると感じて読んでいるに違いない。この一作だけを読むと、かえるくんは友達思いの行動力あふれる人物であり、がまくんは怒りっぽくてすねる人物というふうに受け取ってしまいがちであるが、シリーズ全編を通じて、かえるくんもがまくんもまさに「子ども」の心と行動を体現している。かえるくんが早くがまくんと遊びたくて、がまくんのカレンダーを破って4月なのに5月だとだましてしまう「はるがきた」や、がまくんがかえるくんと拾ったボタンを、全部かえるくんの上着に縫い付けてあげる「なくしたボタン」など、子どもらしい自己中心さはかえるくんにもあり、相手への感謝の気持ちを表すのはがまくんの得意技でもある。是非、並行読書でシリーズを読み聞かせながら本作品を読むことをお薦めする。子どもたちの本作品への感想がより深まるであろう。

また、文章のほとんどが会話文で分かりやすいこともあって、子どもたちは内容の解釈をあまり必要とせず、登場人物の行動や言葉に「なぜ？」という疑問も生まれにくい。それゆえ、子どもたちはすぐに人物になりきることができる。おもしろいことに、このお話を読み終えた後の子どもたちの中では、仲良し2人組が「おれたち親友！」に変わるのが多く見られるのである。

音読劇にぴったりの条件

音読劇をするのにうってつけの教材である。そのぴったりの条件を3つ挙げよう。

まず、がまくんとかえるくん、そしてかたつむりくんの会話が中心となって展開していくお話であること。会話は、相手の話や気持ちを受けて発するものであるから、音読の工夫をするためには、話の内容だけでなく話し手の気持ちを理解したり想像したりする必要がある。子どもたちは、登場人物になりきるだけでなく、相手の話し方や動きにも合わせて音読劇をつくっていこうとするだろう。

次に、登場人物のがまくん、かえるくん、かたつむりくんが、個性豊かであり、子どもたちと同じ気持ちをもっていることが挙げられる。子どもたちは自分と等身大のこの3人に、自ずと感情移入することができるだろう。

最後に、演じる場面が3カ所だけであること。がまくんの家、かえるくんの家、そして2人の家をつなぐ道、この3つの場面さえあればよい。小道具も、かえるくんの机、がまくんのベッド、郵便受けが必要なだけであるから、子どもたちは、会話と動きに集中して劇をつくっていくことができる。

相手の言葉を受けて話す会話文

かえるくんとがまくんは、相手の話した中で最も伝えたい言葉（〰〰）に反応して、返事をしている。特にがまくんが家でふてくされて昼寝をしている場面のやりとりが、絶妙な会話になっている。「もうちょっとまってみたら―。」「もうまっているの、あきあきしたよ。」、「だれかが、きみに―。」「お手紙をくれる人なんて―」「きょうは―」「今まで、だれも―」このように、いやだ、ばからしいと言いながら、がまくんはかえるくんの言ってくれることをしっかりと聞いて返答している。会話のお手本にもなるような2人のやりとりである。

2　授業づくりの実際

(1)　単元におけるしかけ

しかけ1　子どもの意欲と課題づくり

音読劇の活動の中で、登場人物の心情を想像することは大切である。「課題」つまり、読みのめあてをもつことで、子どもたちは人物の気持ちや考えていることを具体的に想像する。そして、想像したことを体現するために音読や動きの工夫をするのである。また、逆の学習活動も考えられる。まず音読の工夫をする。つまり、感じた「人物の思い」を声の調子や動きで表現する。そして表されたその「思い」とは何か、なぜそんな動きをするのかをみんなで考えるのである。2年生の場合は、後者の方がふさわしいように思う。まず、声に出してみる、動いてみる。工夫した理由を説明できなくても表現できる子は多い。それから、理由を、みんなで話し合えばよい。そのときに、叙述に着目して理由を説明する子が必ず出てくる。これは、誰もが納得できる理由として支持されるであろう。こうして、叙述に着目して想像したり考えたりすれば、人物の気持ちや様子が分かってくるのだという学びを会得していくようになる。

課題例

ふたりともかなしい顔になった。この時のふたりの心の中をのぞいてみよう。

1場面　①がまくんの家にやってきたかえるくんと、お手紙を待つがまくんの心がわかるように音読劇をしよう。

②かえるくんとがまくんの「かなしい気分」を考えて音読劇をしよう。

お手紙をはこんでいるときのかたつむりくんを思いうかべよう。

2場面　③かたつむりくんとかえるくんのおもしろさがわかるように音読劇をしよう。

かえるくんとがまくんの気もちにぴったりの読み方を考えよう。

3場面　④何回も言うかえるくんと、何回言ってもいやだというがまくんの音読劇をしよう。

4場面　⑤かえるくんが、がまくんにお手紙のことを言ってしまう場面の音読劇をしよう。

がまくんを「かなしい気分」から「しあわせな気もち」にかえたのは何だろう。

5場面　⑥がまくんの幸せな気持ちが、聞く人に伝わるように音読しよう。

お手紙をまつ四日の間、ふたりはどんなことをしてすごしただろう。

6場面　⑦待っているふたりと、お手紙がついた場面を劇にしよう。

しかけ2　深い学びを実現する対話指導

「お手紙」では、4～5名で音読劇をつくっていく中で「グループ対話」を行う。その後、代表グループの劇をみんなで見て意見を言い合うことで「深い学び」が生まれるような方法を提案する。1時間の授業を次の

①②③のフレーズで組み立てることで、劇を上手にできることを目的とした「対話」が深い学びにつながっていく。

①「みんなで対話」全体での話し合い

本時の場面の大切な台詞や動きは、どのように表現したらよいかをみんなで考え、意見を交わす。それをもとに学習シートに自分の役の工夫を書き込む。

②「グループ対話」グループでの話し合い

班ごとで、各々が自分の工夫したやり方で演じるが、このときにお互いにアドバイスをし合う。

③「深い学び」全体での鑑賞と話し合い

教師がグループ指導で選んだ班に、その場面の劇をしてもらう。教師が選ぶのは、最初に話し合った内容をうまく表現できている班、または、ちょっと違った考えで演じている班などである。

この①②③のフレーズで学習すると、子どもたちに次のようなメリットがある。

毎時間、どんなことをどんな順番ですればいいかが分かるので、安心して授業に臨める。また、毎時間、自分が主役になって劇ができると思い、国語の時間が楽しみになる。授業のはじめの①で、みんなで読み深めを行うので、深まった考えやみんなに指示された考えを参考にして、自分の意見をもつことができる。②は楽しみな時間である。自分のしたい役で演じることができるし、グループで話し合って何回も演じ直しができる。③では、上手な子の劇をみて楽しんだり「もっとこうしたらいいよ。」という意見を言うことができる。この活動を通して自分はどうだったか振り返り、次はもっとうまくなろうと思うであろう。

しかけ3　学習シートの工夫点

工夫点①　子どもたちが選ぶ役によってシートの内容を変えてある。つまり、かえるくん用シート、がまくん用シート、かたつむりくん用シートを、各場面ごとに、選んだ人数分用意することになる。

工夫点②　会話は、相手の言葉を受けて話すのだから、相手の話すことや動きがシートに記入されていると考えやすい。それを見て自分の役の工夫をすることができる。

工夫点③　音読劇をするうえで工夫したい文を、教師の側で選んで載せてある。児童が、この文を、まず視写できるようにし、次に文の横に工夫点を書き入れることができるようにしてある。

工夫点④　本時の振り返りをする欄がある。読み取りの面と、表現の面で振り返るようになっている。学習の中心的な内容は、○あるいは◎で自己評価する。また、本時の感想などを文章で書く欄も、点線で作ってある。

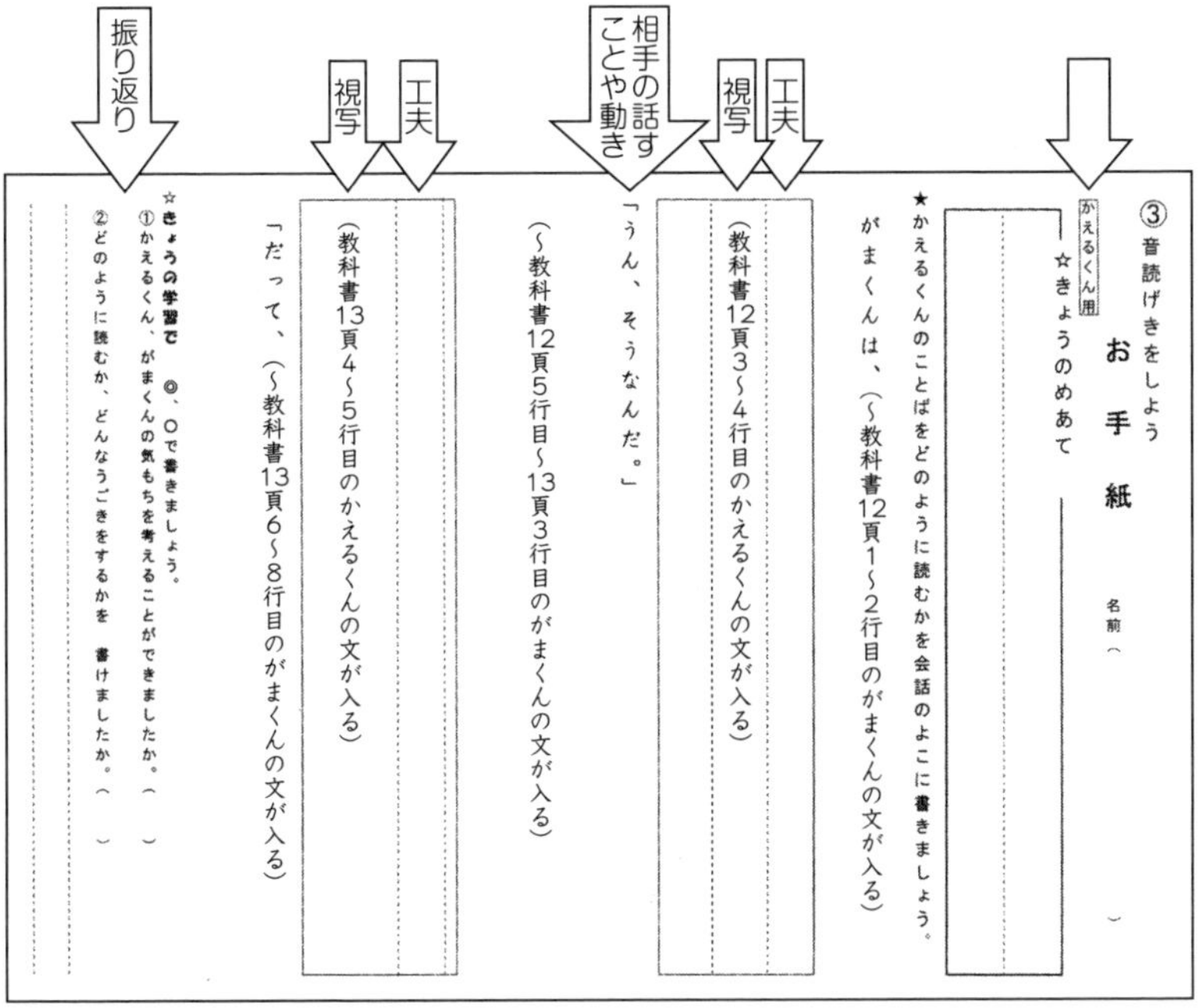

③音読げきをしよう　お手紙　名前（　）
かえるくん用
☆きょうのめあて
★かえるくんのことばをどのように読むかを会話のよこに書きましょう。
がまくんは、（〜教科書12頁1〜2行目のがまくんの文が入る）
（教科書12頁3〜4行目のかえるくんの文が入る）
「うん、そうなんだ。」
（〜教科書12頁5行目〜13頁3行目のがまくんの文が入る）
（教科書13頁4〜5行目のかえるくんの文が入る）
「だって、（〜教科書13頁6〜8行目のがまくんの文が入る）
☆きょうの学習で　◎、○で書きましょう。
①かえるくん、がまくんの気もちを考えることができましたか。（　）
②どのように読むか、どんなうごきをするかを　書けましたか。（　）

学習シート例「がまくん用シート」

③音読《おんどく》げきをしよう

お手紙　　名前（　　　　　）

がまくん用

☆きょうのめあて

★がまくんのことばをどのように読むのかを、会話のように書きましょう。

がまくんは、（～教科書12頁の1～4行目を記載）

「うん、　　　　　」

がまくんが言いました。

「今、一日のうちの（教科書13頁1行目・2行目・3行目を視写させるための空欄）」

「そりゃ、（～教科書13頁4～5行目を記載）

（～教科書13頁6～7行目のがまくんの会話文を視写させるための空欄

教科書13頁8行目を記載）

☆きょうの学習で　◎、○で書きましょう。

①かえるくん、がまくんの気もちを考えることができましたか。（　）

②どのように読むか、どんなうごきをするかを　書けましたか。（　）

（2）授業展開例

①単元の目標

○文の中の主語と述語に注意し、人物の気持ちが分かるように気をつけて音読ができる。（知識及び技能）

○登場人物の行動や会話を中心に想像を広げながら読み、声の出し方などを工夫して音読劇をすることができる。（思考力、判断力、表現力等）

○場面の様子や登場人物の気持ちが伝わるように音読しようとしている。（学びに向かう力、人間性等）

②指導計画（全12時間配当）

1次　感想を交流して、読みのめあてをつくる。……2時間

2次　読みのめあてに照らして内容を読み、音読劇に生かす。……9時間

3次　お手紙の登場人物に向けて、手紙を書く。……1時間

③展開例（第6時）

1　課題をつかむ。課題は**「かえるくんとがまくんの気もちにぴったりの読み方を考えよう。」**で、これは3場面の「何回も言うかえるくんと、何回言ってもいやだというがまくんの音読劇」をするための学習である。

活動≫「みんなで対話」全体での話し合い

3回繰り返される会話文の、言い方の変化に気づくには、まず、かえるくんの会話文だけを3回分取り出して提示する。声に出して読んでみると、伝えたい言葉が強くなる。さらに、後の会話ほど強く読む子も出てくるであろう。次に、同じようにがまくんの会話を並べて掲示する。1文ずつカードにすると、かえるくんの言葉に対してがまくんは2文ずつ答えているのが視覚的にもよく分かる。

だんだん強く読む

かえるくん

「—まってみたらいい—。」
↓ 明るく

「—だれかが、きみにお手紙をくれる—。」
↓ 励ますように

「きょうは、だれかが、—。」
↓ 僕が出したんだからね

がまくん

「(一回目の応答)」
「—まっているの、あきあき—。」
↓ すねたように
↓ あきらめ

「(二回目の応答)」
「—お手紙をくれる人なんて、—。」
↓ 怒って
↓ 悲しそうに

「(三回目の応答)」
「今まで、だれも、—。」
↓ とても怒って
↓ とても悲しそうに

2　グループで音読の工夫をし、劇をする。

活動≫「グループ対話」グループでの話し合いをしよう

班ごとになって、音読の仕方の工夫をシートに書き入れる。次に、役割音読をし、さらに演技を入れる。

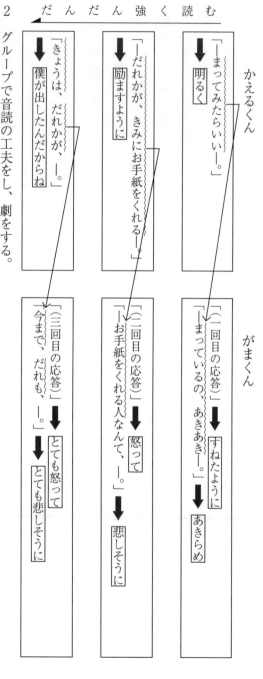

各自、読み方の工夫を書き込んでから演じるときに話し合うグループもあれば、書き込むときから話し合うグループもある。先生は、各グループを回って、指導したり褒めたりしながら、発表グループを見つける。

3　グループ劇を見て、話し合い、学びを深める。

活動≫「みんなで対話」全体での鑑賞と話し合いをしよう

選ばれた発表グループが前で本時の場面を演じる。他の班は、それを見て意見や感想を言い、さらによい演じ方にする。

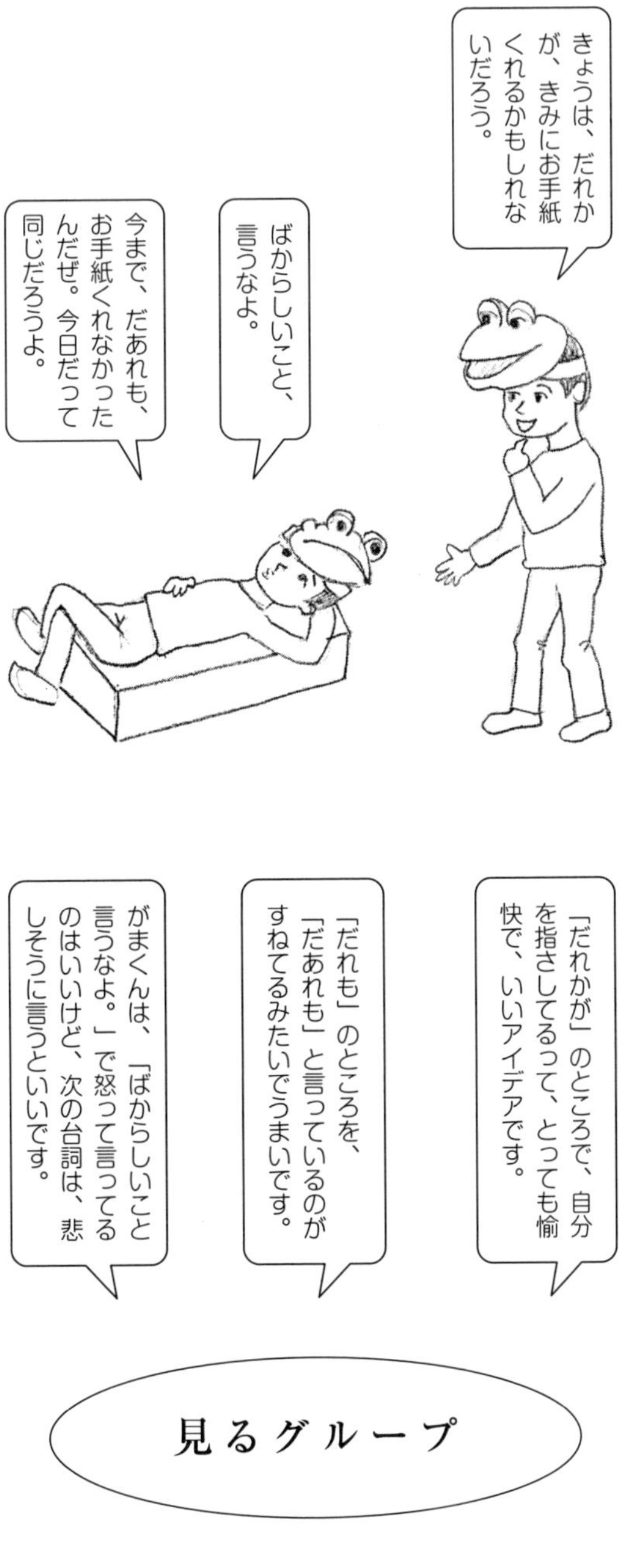
きょうは、だれかが、きみにお手紙くれるかもしれないだろう。

ばからしいこと、言うなよ。

今まで、だあれも、お手紙くれなかったんだぜ。今日だって同じだろうよ。

「だれかが」のところで、自分を指さしてるって、とっても愉快で、いいアイデアです。

「だれも」のところを、「だあれも」と言っているのがすねてるみたいでうまいです。

がまくんは、「ばからしいこと言うなよ。」で怒って言ってるのはいいけど、次の台詞は、悲しそうに言うといいです。

見るグループ

④評価

登場人物の行動や会話を中心に想像を広げながら読んだことを生かして、声の出し方や動きを工夫して音読劇をしているか。［評価の方法：音読や動きの工夫の観察、学習シート］

3年

すがたをかえる大豆

1　教材の特徴と教材分析

説明の工夫について話し合うことを学習目的とした説明文である。題材は「大豆」。食卓でおなじみの煮豆、きなこ、豆腐に納豆…と大豆を使ってできる食品が次々と出てくる。生ではまずいが工夫することでおいしくなる「大豆を使った食品」が9つ、それぞれに「おいしく食べるくふう」と「作り方」が説明される。大豆は、「多くの人がほとんど毎日口にしている」のに、「それほど食べられていることは、意外と知られていません」と述べられるように、この意外性が読み手（子どもたち）の興味を引きつける。豆腐や味噌、納豆の作り方、枝豆やもやしの育て方も、よく食べているのに意外に知らないことが多い。また、「豆まきに使う豆」「おせちりょうり」「もちやだんごにかけるきなこ」など、「とうふ」「なっとう」「みそやしょうゆ」とともに、昔から食べられてきたことが分かる食品名を挙げて説明される。なじみ深い食品の意外な内容にひかれて読み進めてきた子どもたちは、最後の段落で「こんなに多くの食べ方がくふうされてきた」理由と「昔の人々のちえにおどろかされます。」と述べる筆者の考えに納得するであろう。

3年生で2度目の説明文単元教材である。既習の教材文と比較し、学びの深化に留意して指導を行う。

教材名	「はじめ」の文章	「中」の文章	段落相互の関係が分かる言葉
既習 「言葉で遊ぼう」・「こまを楽しむ」	1段落のみ。その中に紹介と問いがある。問いについての答えが「中」の文章で述べられる。	事例が並列の形で説明される。	「このように」
⇩「すがたをかえる大豆」	2段落あり。問いはない。①段落に「すがたをかえていること」②段落に「手をくわえておいしくするくふうをしていること」が述べられ、「中」で、これらについて説明される。	事例は、「分かりやすさ」の順で説明されるが、他の例の付け加え（⑦段落）もある。	「いちばん―」「次に」「また」「さらに」「これらの他に」「このように」

「中」の③から⑥段落では、「はじめ」の段落で示された通りに「すがたをかえた食品名」と、「おいしく食べるくふう」と「手のくわえ方」について説明される。ここで出てくる「豆まきに使う豆」「に豆」「きなこ」「とうふ」「なっとう」「みそやしょうゆ」は、②段落で示されるように「手のくわえ方の分かりやすい」順に出てくる。⑦段落では、取り入れる時期や育て方を工夫した「えだ豆」と「もやし」が説明される。

2　授業づくりの実際

(1) 単元におけるしかけ

しかけ1　子どもの意欲と課題づくり

子どもは、知っている、体験しているものを探すことに意欲的である。

「知ってる、知ってる。毎日食べてるよ。」

① 大豆がすがたをかえるいろいろな食品の名前を見つけよう。

新しい発見「そうやって作るのか。」に驚きをもって読もうとする。

② どうやって作るのか。(いろいろな食品の作り方を調べよう。)

①、②を調べていく上で、目的の内容をすぐに見つける方法を発見しようとする。

①、②の課題は、具体的な内容を読み取るもので子どもの意欲は高い。

「すぐに見つけられるひみつがあるんだ。」

③ おいしく食べるくふうを見つけよう。

「どうしてこの順番なの。」

④ なぜ、いり豆、に豆、きなこ…の順なのか。これは何の順?

「分かりやすく読めるようなくふうがしてあったんだね。」

⑤ 分かりやすい説明のくふうをまとめよう。

③、④の課題は、学習目標に合致する課題⑤への橋渡しとなる。子どもの必要感を高めてから、提案することが大切である。

しかけ2　深い学びを実現する対話指導（3～4名のグループ学習）

それぞれが調べるときに協力したり、調べ終わった内容を共有するときに学びが生まれる。

・種類（カテゴリー）ごとに記入するシート（学習シート例①）を用意する。
・見つけた内容ごとに色分けしてラインを引かせる。

調べる種類（カテゴリー）	教科書に引くラインの色
課題①…食品名	黄色
課題②…作り方	青色
課題③…おいしく食べるくふう	赤色

課題④について相談したり発表したりするときに学びが生まれる。

・相談しやすいように、一斉学習で、まず何の順番かを予想する。次のグループ学習では、予想で出た考えの中から1つを選び、その根拠を見つける。
・発表内容を分担し、話す内容をまとめるシート（学習シート例②）を用意する。

しかけ3　学習シートの工夫点

学習シート例①は課題①〜③に対応したものである。

①　大豆がすがたをかえるいろいろな食品の名前を見つけよう。 ②　どうやって作るのか。 ③　おいしく食べるくふうを見つけよう。

工夫点①　図で整理して書けるようになっている。これは、次の単元「食べ物のひみつを教えます」と同じような形式になっている。

工夫点②　次の2点に注目すれば、関連性を考えながら記入していくことができる。

・文章に出てくる順に時計回りに食品名が書けるように配列してある。

・中心に「大豆」を置き、「おいしく食べるくふう」「作り方」「食品名」の順に、外側へ向かうような図になっている。

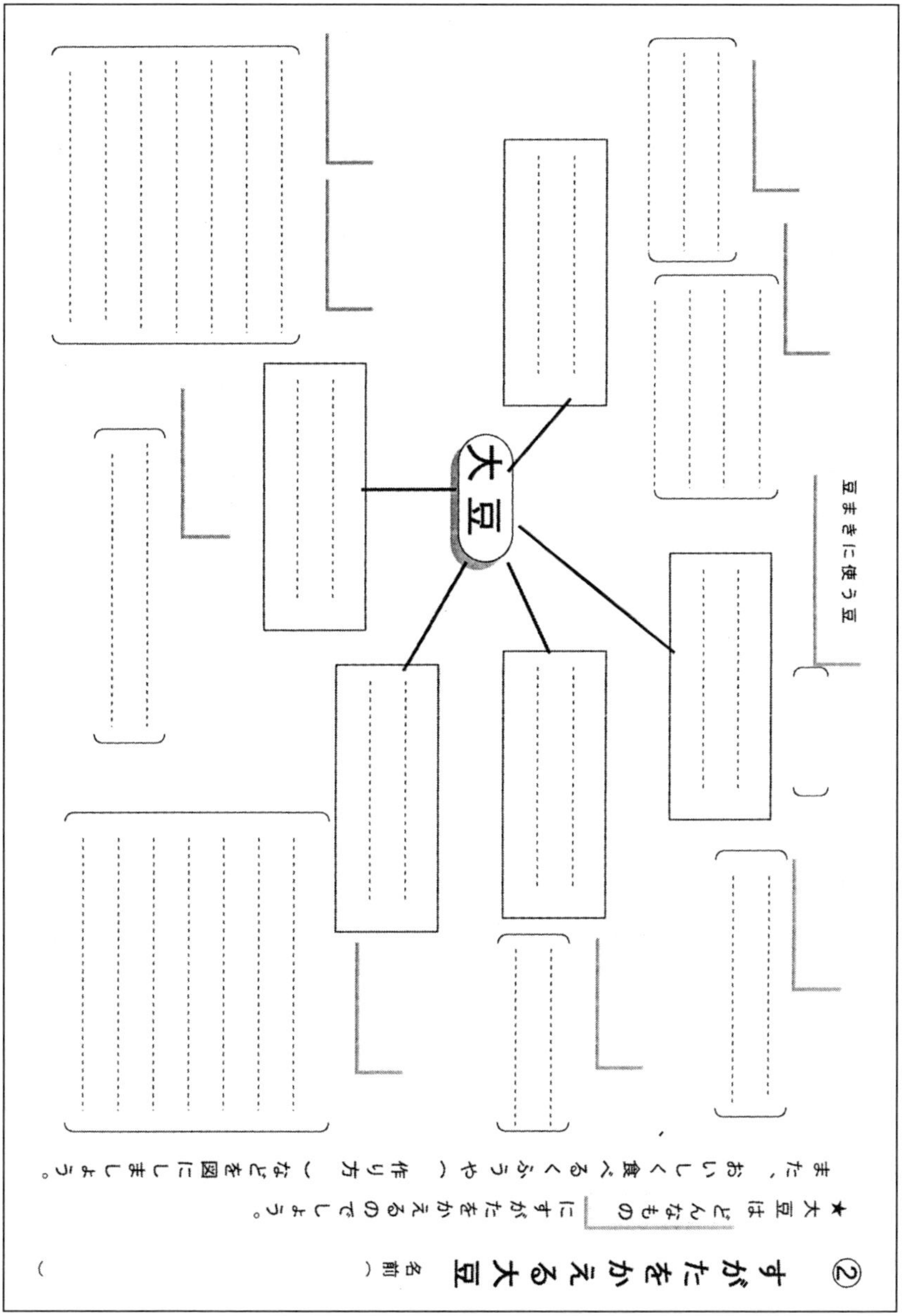
② すがたをかえる大豆
名前（　　）
★大豆はどんなものにすがたをかえるのでしょう。
また、おいしく食べるくふうや（作り方）などを図にしましょう。
大豆
豆まきに使う豆

学習シート例②は課題④に対応したものである。

> ④　なぜ、いり豆、に豆、きなこ…の順なのか。
> これは何の順？

工夫点①　考えたり話し合ったりしたことをシートに記入することで学習が進んでいくようになっている。

まず、考えを書く。

次に、理由を書く

最後に振り返りを、注目する言葉や内容で書く。

工夫点②

［**発表のしかた**］の部分は、役割を決めて発表できるようになっている。

ⒶⒷⒸのそれぞれの役割が分かるようになっていて、発表の時は、話すのが苦手な子も、この通りに話したり示したりすればできるようになっている。

学習シート例②記入例

すがたをかえる大豆　名前（　　　）

☆きょうのめあて

③段落から⑥段落は、何の順番なのだろう。

★グループで、何のじゅんかを考えましょう。

料理のかんたんな　のじゅん

★四人（三人）で、しょうこをみつけ、やくわりを決めて発表しよう。

発表のしかた

Ⓐわたしたち 4 班《はん》は、③段落《だんらく》と④段落で考えました。

Ⓑ理由は

Ⓑは二人で発表してもよい。

③段落は、豆まきの豆は「いる」、に豆は「にる」だけでかんたんにできる。

④段落は　きなこで、いってから、こなにひくから、豆まきの豆よりむずかしい。

からです。

Ⓒかんけいのある写真《しゃしん》や言葉にしるしをつけて、発表のときにみんなに教える。

★今日の学習で

①どの段落の、どの言葉が考えるヒントになりましたか。

〇〇さんが言った「目に見えない小さな生物の力」の言葉で、目に見えないから分かりにくいというのがなるほどと思った。

②どんなことが分かったと思いますか。

とうふよりなっとうの方が、きんを使うから分かりにくいんだと分かった。

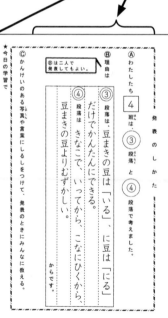

学習シート例②

すがたをかえる大豆

名前（　　　　　　　　　）

☆きょうのめあて

★グループで、何のじゅんかを考えましょう。

（　　　　　）のじゅん

★四人（三人）で、しょうこをみつけ、やくわりを決めて発表しよう。

発表のしかた

Ⓐわたしたち□班《はん》は、○段落《だんらく》と○段落で考えました。

Ⓑ理由は

○段落は、

○段落は

からです。

（Ⓑは二人で発表してもよい。）

Ⓒかんけいのある写真《しゃしん》や言葉にしるしをつけて、発表のときにみんなに教える。

★今日の学習で

①どの段落の、どの言葉が考えるヒントになりましたか。

②どんなことが分かったと思いますか。

（2）授業展開例

①単元の目標

○理解したり表現したりするために必要な語句について、国語辞典を利用して調べることができる。
（知識及び技能）

○目的に応じて、中心となる語や文を捉えながら文章の内容を的確に理解し、説明の分かりやすさについて話し合うことができる。
（思考力、判断力、表現力等）

○大豆を使った食品に関心をもち、それぞれの段落で大事な語や文を見つけて読もうとする。
（学びに向かう力、人間性等）

②指導計画（全6時間配当）

1次　学習計画を立てる。
・題名読みの後、全文を読んで、感想を書く。……1時間
・感想を交流し、学習計画を立てる。……1時間

2次　事例について詳しく読み取る。
・全文から読み取ったことを、カテゴリーマップに書く。……2時間
・文章の内容を読み取り、段落相互の関係を考える。……1時間
・分かりやすい説明の仕方についてまとめる。……1時間

③展開例（第5時）

1　課題をつかむ。③段落～⑥段落は、何の順か。「中」の段落は③～⑦だが、⑦は「これらのほかに」とい

う接続語を考え、順番の意味は③～⑥段落で考えることを事前に確認しておく。

活動≫「変身した大豆」並べ替えゲーム

黒板にばらばらに並べた大豆加工食品の写真を、教科書に出てくる順に直す。次に、それぞれの写真について述べられている段落番号をあてはめる。児童は、写真と段落を一致させようとして、文章でたしかめる。

2　何の順か予想する。ここでは一斉学習のスタイルで意見をとる。

実際の授業場面では「いちばん分かりやすいのは」「次に」などの言葉を手がかりに、「すがた」「調理のしかた」「作り方」「（作るのにかかる）時間」などの意見が出た。

活動≫「すがた」だと、「なっとう」と「きなこ」の順がおかしい！

一斉学習で、ふきだし例のような話し合いが行われると、次のグループ学習のよいモデルとなる。

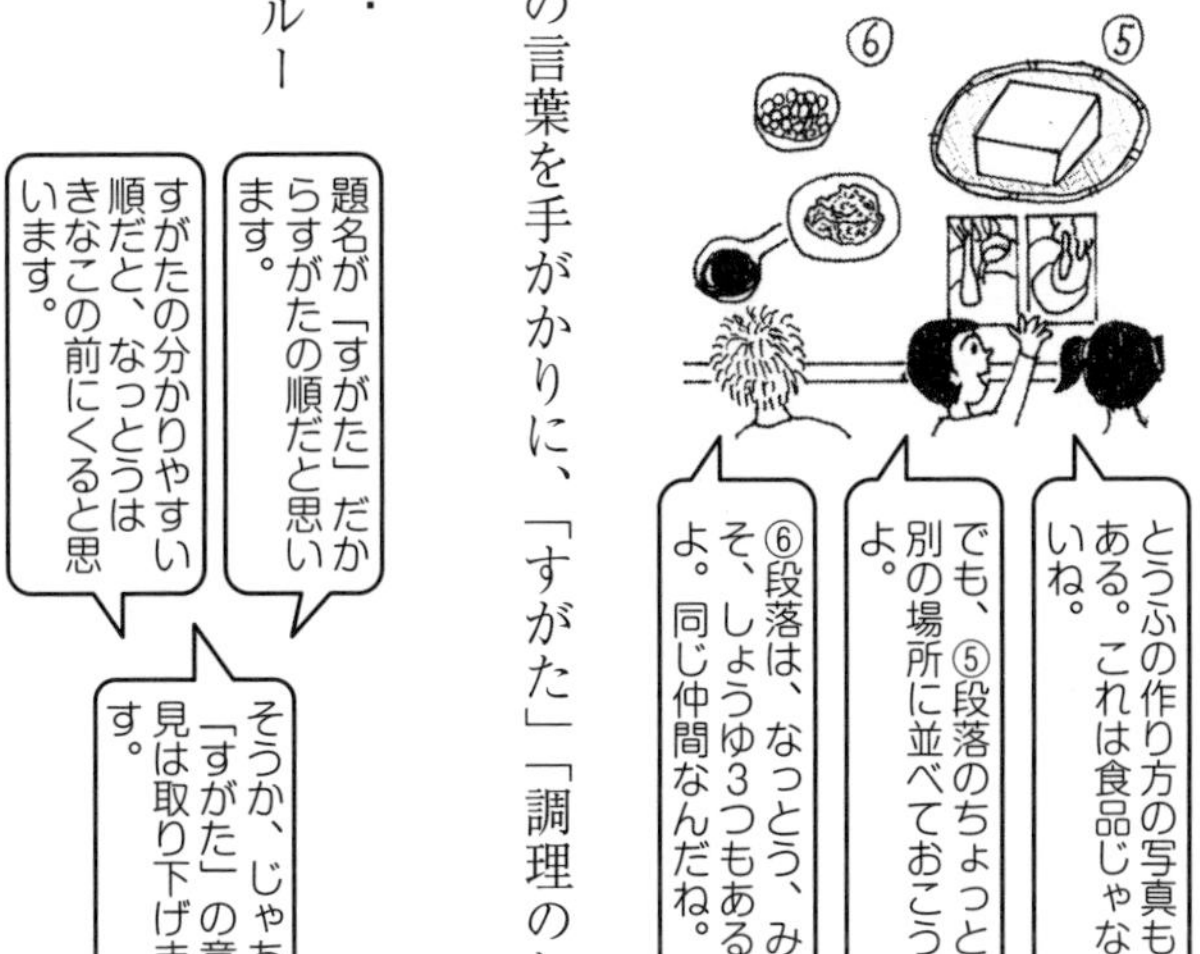
⑤
⑥
とうふの作り方の写真もある。これは食品じゃないね。
でも、⑤段落のちょっと別の場所に並べておこうよ。
⑥段落は、なっとう、みそ、しょうゆ3つもあるよ。同じ仲間なんだね。
題名が「すがた」だからすがたの順だと思います。
すがたの分かりやすい順だと、なっとうはきなこの前にくると思います。
そうか、じゃあ「すがた」の意見は取り下げます。

3　グループ学習で話し合う。班での活動の手順を示す。
（1）順番が分かる2つの段落を選ぶ。
（2）着目したい言葉や文に線を引く。
（3）着目した言葉をもとに話し合う。
（4）各班4名で役割を決めて発表する。

作り方が簡単なのから大変な順になっているのかな。
③段落のいり豆は「いる」だけど、④段落のきなこは「いる」と「こなにひく」だよ。
作る時にやることは、1回と2回できなこの方が多いね。

活動≫　作るときに「やること」（手の加え方）を数えよう

2つの段落で比べたときに、「やること」に目をつける。

4　グループで話し合ったことを、クラス全体で出し合って考える。

活動≫　「時間」か「やること」か、どちらだろう？

時間はちがうと思います。⑤の豆腐と⑥の納豆はどちらも1日くらいで同じだからです。

豆腐は7回やることがあるよ。でも、納豆は3回なのに順番は後だ。どうして？

豆腐に入れるにがりは目に見えて分かりやすいけど、納豆は目に見えない菌を入れるのが分かりにくいんじゃないですか。

②段落に「いろいろ手をくわえて」と書いてあるよ。やることって、手をくわえることでしょ。

5　説明文では「はじめ」の段落に「中」の事例の概要が書かれていることに改めて気づく。これは説明の工夫であり、これに気づいて読むことで、分かりやすく読むことができる。

④評価

「分かりやすい」という言葉に着目して、内容を的確に読み取って話し合うことができたか。［評価の方法：話し合った内容の記録・学習シート］

【板書例】

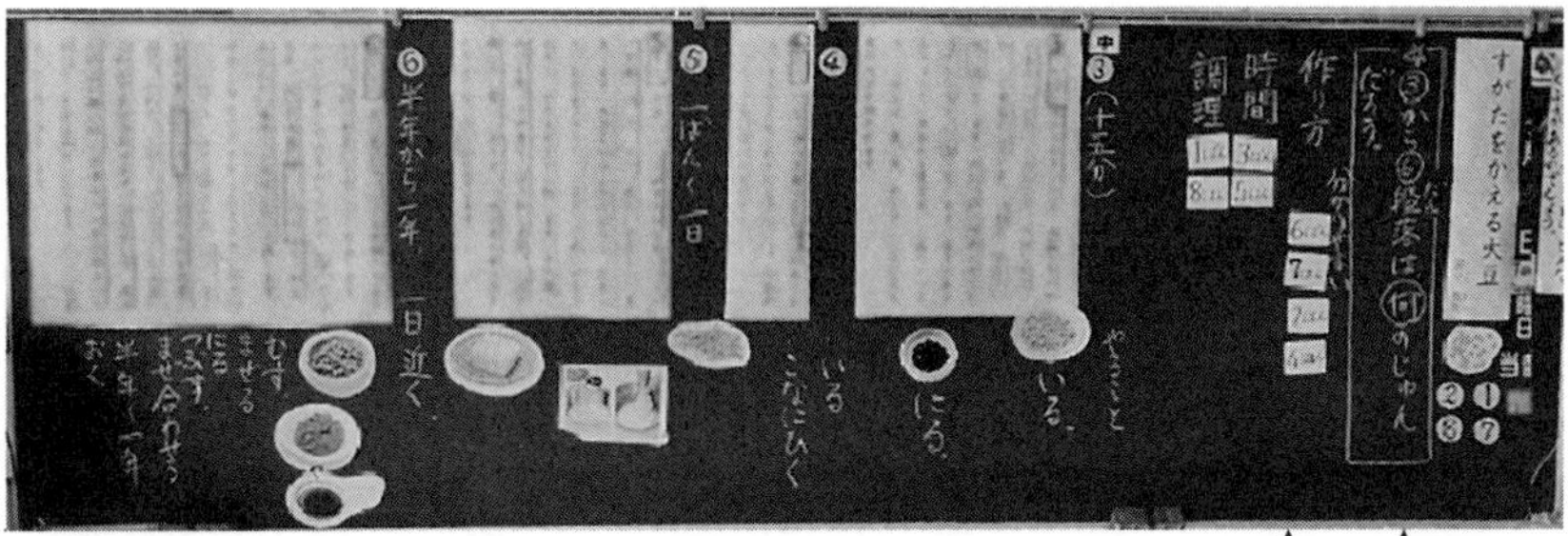

課題（赤枠で囲む）

課題についての予想と、それを選んだ班のプレート

上段

（十五分）
③段落の全文
一ばんと一日
④段落の全文
半年から一年
⑤段落の全文
一日近く
⑥段落の全文

（作るのにかかる時間）

下段

豆まきの豆　いる
に豆　にる
きなこ　いる
こなにひく
とうふ
なっとう
みそ・しょうゆ
むす
まぜる
にる　つぶす
まぜ合わす

（やること…手を加えること）

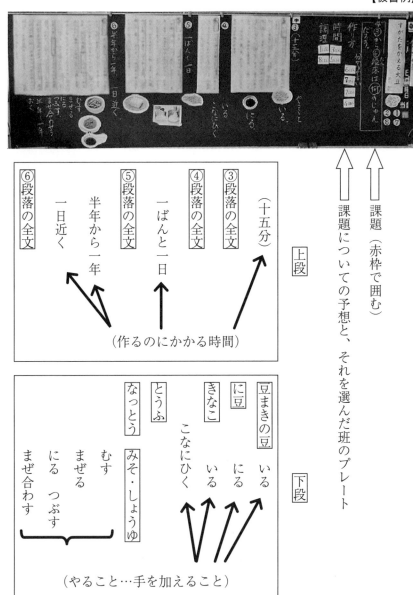

3年

ちいちゃんのかげおくり

1 教材の特徴と教材分析

命題のある作品として

第二次世界大戦の末期の頃、空襲にあい、ひとりぼっちで死んでいった幼い女の子「ちいちゃん」の話である。戦争によって、父、かげおくりのできる空、母、兄、町、我が家、そして最後にちいちゃんの命までもが奪われていく。誰にも助けてもらえず、たった一人で暗い防空壕の中で死んでいく幼い命の話は、平和な現代に生きる子どもたちには想像もできない内容であろう。この戦争の戦没者は三百万人を超えると言われるが、どの命にも家族があり、かけがえのない大切な一つの命であったことだろう。また、生き残った者に悼むことも語られることもない命も数多あったはずである。最後の場面では「ちいちゃん」という名が「小さな女の子」という表現に変わり、亡くなっていった大勢の幼い命の一つになってしまうことが暗示される。だからこそ読み手である子どもたちに、「ちいちゃん一家」を通して戦争で奪われていくものを知ってほしい。そして、ちいちゃんに寄り添って、戦争の悲惨さを感じ、思い、消えていった命の一つを悼んでほしいと願う。

戦後七十数年が経ち、今や教員の全員が戦争を知らない世代になった。戦争を過去の負の遺産として捉えるものになってはいないだろうか。今も世界中のどこかで戦禍に苦しむ人々がいて、我々の頭上にもミサイルが飛ぶ。戦争は決して過去の出来事ではないのである。だからこそ、この作品を通して、情景や人物の心情を思い描く力を磨き、相手の痛みや気持ちが分かる人を育てたい。そのことが、「反戦と平和の尊さ」を教えるという命題にもつながるのだと思う。

作品のモチーフとしての「かげおくり」

題名に表されるように、父の出征の前の日に家族でするかげおくりと、ちいちゃんが昇天するときのかげおくりが重要なモチーフになっている。2回目のかげおくりは、1回目のそれとそっくりだが、家族の声が空からふってきて、数える声が重なり、青い空にくっきりと白いかげが四つ。ひとりぼっちではなく家族4人のかげが写るのである。この不思議を読み解く鍵は、1回目のかげおくりでお父さんが言う「今日の記念写真だなあ。」である。その意味は、幼いちいちゃんにはよく分からなかったはずだ。しかし、家族4人の楽しかった思い出としてちいちゃんの脳裏に焼き付いていたはずである。二つのかげおくりの場を比較し、「記念写真」に込められた思いを捉えることで、ちいちゃんはひとりぼっちで死んだのではなく、家族4人の楽しい思い出とともに昇天していったことが想像できるであろう。さらに、たった一人で防空壕の中で過ごしたことも、この「家族を信じて待つ」という絆に支えられたものではなかったかと考える。必ず迎えにきてくれると信じて防空壕から動かなかったちいちゃんを、作者はひとりぼっちでは逝かせずに、家族に迎え取らせたのであろう。戦争によってすべてのものが奪われていくが、家族への思いは奪われることはないというテーマも感じ取れる。

空襲の街の様子や人々の思いへの理解

しかし、現実には戦争が次々と大切なものを奪い取っていき、ついに恐ろしい空襲の夜がやってくる。そしてひとりぼっちになって過ごす夜のちいちゃんの不安と寂しさが描かれる。「赤い火が、あちこちに上がって」「こっちに火が回るぞ。」「川の方ににげるんだ。」「風があつくなってきました。」「ほのおのうずが追いかけて」

といった描写は、戦争体験のないものには、想像するのは難しいであろう。逃げ惑う人々、炎の大きさや勢い、風の焼け焦げるような熱さ。燃え上がり崩れ落ちる建物。町中が煉獄の炎の中に包まれる様子を子どもたちに思い描かせるには、いくつかの方法があると思う。一つは、空襲の様子を描いた動画や絵などを見せること。もう一つは、空襲の街の様子を想像せざるを得ない「問い」を用意することである。そして、後者こそが国語科としての学習となる。また、子どもたちは、「知らないおじさん」と「はすむかいのうちのおばさん」が、ちいちゃんを助けられたのではないかと考えるであろう。そこで、炎の中を逃げ惑う様子だけでなく、橋の下に大勢がうずくまって避難している挿絵や、焼け野原となった街の描写から、空襲というものを思い描かせる。そうすることで、この人たちを責めることはできないと思えるようになるであろう。また、戦争絵本の読み聞かせも並行して行い、当時の様子を捉えさせることも必要となる。

2 授業づくりの実際

（1）単元におけるしかけ

しかけ1 子どもの意欲と課題づくり

「かわいそう。かわいそう。」教材を読み終えた後、教室のあちこちから、子どもたちのつぶやきが聞こえてきた。あまりに「かわいそう」な結末に納得できない子どもたちの思いは、「どうしてちいちゃんは助けてあげられなかったのか。」という課題となる。

「なんでお兄ちゃんが転ぶんだよ！」

「おじさんは、一度ちいちゃんを助けてくれたけど、最後までめんどうをみてほしかった。」

「はすむかいのうちのおばさんは、どうしてちいちゃんをおいていってしまうの？」
「戦争なんて、なんでするんだ。」

読み終わった後の感想交流で出てくるこのような言葉はそのまま解決したい課題として設定する課題②。この課題を解決しようとすることで、空襲で燃えさかる町の様子や自分とその家族の命を守ることで精一杯の人たちが見えてくるのである。

また、「ひとりぼっちで、何日も暗い防空壕の中によくいられたなあ。」という声も出てくる。「自分だったらとても無理だ。まだ幼いちいちゃんが、どうしてがまんできたの？」という問いは自然に出てくる課題③。

一方、かげおくりに着目した子どもたちは、ちいちゃんが1人でするかげおくりの不思議さに気づく課題④。そこで、ちいちゃんが楽しかったであろう「はじめのかげおくり」にも着目させる。ここで、「出征」の意味を教えると、父や母の思いに気づき、はじめのかげおくりは本当に楽しかったのだろうかという問いが生まれる課題①。

このように、ひとりぼっちになり悲惨な目にあっていくちいちゃんを、間近に感じて読む子どもたちには、「ちいちゃんへのメッセージ」を書いてあげたいという気持ちも自ずと生まれるであろう課題⑤。

また、戦争に関する絵本を、先行して、あるいは並行して読ませていくことが効果的であろう。作品を読んでいくうえで、当時の状況を捉える手助けになるからである課題⑥。

課題例

①はじめのかげおくりは、本当に楽しいのかな。
②もし、～だったら、ちいちゃんは、助かっていたかもしれない。
・もし、お兄ちゃんがころばなければ…どうしてお兄ちゃんはころんだのか。
・もし、おじさんやおばさんがちゃんと助けてくれれば…なぜ助けてくれなかったのか。
・もし、せんそうがなければ…。
③どうしてちいちゃんは、ひとりぼっちでいられたのだろう。
④さいごのかげおくりのふしぎについて考えよう。
⑤ちいちゃんへのメッセージを書こう。
⑥せんそうについてのお話を読もう。

しかけ2 深い学びを実現する対話指導

ここでは、グループ音読（役割読み）を対話として提案する。音読は、2回のかげおくりの場面で行う。

1回目のかげおくりの場面では、課題①「はじめのかげおくりは、本当に楽しいのかな。」を考えるために行う。明日は出征という父、母の心境は、楽しいどころではないだろうという意見をもつ子も当然出てくる。しかし、ちいちゃんはきっと楽しかったにちがいない。死の直前に浮かぶ4つのかげおくりがそれを示している。こういう場面でこそ、なりきって「やってみる」ことが大切である。理屈ではなく、体感するのである。父、母、兄、ちいちゃんの役割を決め、かげおくりの順に並んで音読をしてみる。声の重なりを意識して読むこと、目の動きや「すごうい。」の言い方をきっちりと再現することで、父母役の子も一様に「楽しかった。」

と実感できるのである。父母の心の中は悲しいが、せめて家族の最後の楽しいひとときとして心に焼き付けておこうという思いがあること、また父の「記念写真」という言葉にその思いが込められているのが理解される。

課題④「さいごのかげおくりのふしぎについて考えよう。」の学習時でも、やはり、グループで役割読みを行う。1回目の音読と比較し、「ふってきました」に着目したグループは、家族を高い位置において、そこから下のちいちゃんに向かって音読をする工夫も話し合われることだろう。さらに、お父さんの「ひくい声」、お母さんの「高い声」、お兄ちゃんの「わらいそうな声」で伝わるものについても話し合われるであろう。

このように、実際にちいちゃん一家になりきってやってみると、父と母の間に子が並ぶこと、手をつなぐこと、声の調子から感じられることなど、家族の中に流れる強く温かいつながりが、実感となって子どもたちの心に響く。それを言葉にして伝え合い、音読の工夫とする中で「深い学び」が生まれる。

しかけ3 学習シートの工夫点（課題①で使用）

工夫点① 課題（シートでは「めあて」と表示）「はじめのかげおくりは、本当に楽しいのかな。」に対する予想を選択させることで、全員が課題に取り組めるようにし、学習への意欲と主体性をもたせる。

工夫点② キーワード「記念写真」についての考えを人物になりきって書かせるようになっている。

工夫点③ 学習後にちいちゃんへの思いを書く「ちいちゃんへのメッセージ」の欄を作ってある。このメッセージは単元の終わりに、振り返り、感想をまとめるときに活用することができる。

学習シート例

ちいちゃんのかげおくり

名前（　　　　　　　　）

今日のめあて

★はじめのかげおくりで楽しいと思っているのはだれでしょう。
※楽しいと思っている人に○をつけよう。

（　）お兄ちゃん
（　）ちいちゃん
（　）お父さん
（　）お母さん

★楽しそうなところを見つけて、音読しよう。
※教科書に線を引こう。

★お父さんとお母さんは、何の記念写真だと言っていると思いますか。意見を書いてみましょう。
※お父さん、お母さん、どちらの言葉でもいいですよ。

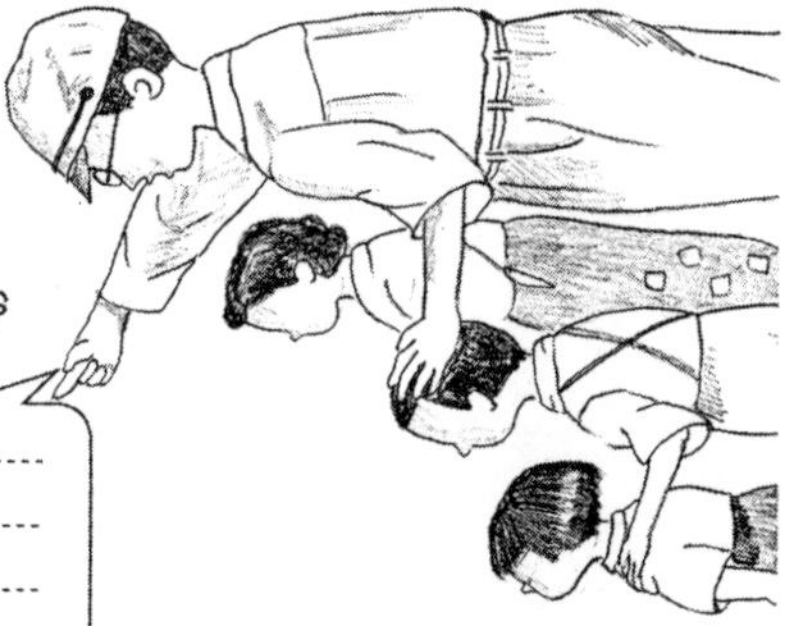

★ちいちゃんやお兄ちゃんのふきだしも書きましょう。

ちいちゃんへのメッセージ

ちいちゃんへ

（　　　　　　より）

☆今日の学習で

（　　　　　　　　）

（2）授業展開例

①単元の目標

○重要な語句について、その意味を正確に捉えながら読んだり引用したりして、表現に生かすことができる。

（知識及び技能）

○登場人物の気持ちや情景について、場面の移り変わりと結びつけて具体的に想像し、読み取ったことをもとにちいちゃんへのメッセージを書くことができる。

（思考力、判断力、表現力等）

○主人公「ちいちゃん」についての感想を分かち合いながら読もうとしている。

（学びに向かう力、人間性等）

②指導計画（全12時間配当）

1次　全文を読み、学習課題をつくる。……3時間
2次　場面ごとに課題に沿って読み、感想をもつ。……7時間
3次　「ちいちゃんへのメッセージ」をもとに、感想文を書き、交流する。……2時間

③展開例（第9時）

1　課題をつかむ。**課題は「さいごのかげおくりのふしぎについて考えよう。」**である。はじめのかげおくりと比べて、表現の違いから不思議さを見つける。子どもたちがまず目をつけるのは、1人でしているのにかげは4つあるということ。ここで「家族はちいちゃんより先に死んでしまったのではないか。」という意見が出ることが予想される。直接的な表現はないが、戦争、空襲という状況から想像できる考えである。しかし、話題の中心としたいのは、「青い空からふってきました。」「聞こえだしました。」などを音読によってど

のように表現するかである。こうした活動によってちいちゃんになりきり、様子や心情を実感することができると考える。

2　ちいちゃんの昇天の場面を思い描く。

活動≫ 役割音読で、不思議を見つけよう

グループで役割を決めて音読する。（22頁4行目から24頁5行目まで）

父、母、兄、ちいちゃんの立ち位置なども考えて音読するグループが出てくるので、紹介し、深める。

ちいちゃんは、ふらふらしながら立つんだよ。

お父さんお母さん、お兄ちゃんは、高いところにいるんだよ。上から声がふってくるんだからね。

ちいちゃんは、「暑いような寒いようなー」だから、熱があって病気なんだよ。

お父さんの次にお母さん、お兄ちゃんの順で読み始めて。最後の「とお」はちいちゃんを入れて全員が読むんだよ。

「とお」でちいちゃんは、「空にすいこまれて」空に上がっていくんです。みんながいる空へ。

活動≫ 動作もつけて、ちいちゃんのさいごのかげおくりをやってみよう

挿絵のように立つ

右から、お父さん、お兄ちゃん、ちいちゃん、お母さんの順だよ。
お父さんとお母さんの間に子どもがいるんだね。守ってるって感じ。
みんなで、手をつなぐんだよ。ちいちゃん、うれしいだろうな。
本当はだれもいないのに、きっとちいちゃんの心の中に見えるんだね。

3　空にいったちいちゃんへの感想をもつ。

活動≫ 空にすいこまれるちいちゃんと、ひとりぼっちで死んでいくちいちゃんを比べて考えよう

家族の声、くっきりと四つの白いかげ、空にすいこまれる─これらの不思議は、だれが感じていることなのか考える。これはちいちゃんが感じていることである。しかし現実にはひとりぼっちで死んでいく姿がある。実際の絵本の挿絵では、焼け跡の中、1人で小さくうずくまって息絶えているちいちゃんの姿（挿絵②）が描かれている。ここで、空の上にいったちいちゃん（挿絵①）の表現と対応する表現を見つける。（次頁の板書参照）

教師「空の上では、ちいちゃんは家族と会えていますね。ところが、実際はどうでしたか。」

A児「お母さんとはぐれてしまいます。」「防空壕で3日間も待っていても、ひとりぼっちのままでした。」

教師「空ではきらきら笑っているちいちゃんですが。」

B児「こわくて、にげまわり、ずっとひとりぼっちで、笑いなんてなかった。きっと泣いていたと思います。」

C児「空では、笑いながら走り出すのですが、実際は、ふらふらする足を踏みしめて、やっと立ち上がったんです。よっぽど、みんなとのかげおくりが楽しかったんだね。」

【本時の学習場面の板書（一部）】

空にいったちいちゃん —— 現《げん》実のちいちゃん

挿絵①　　挿絵②

家族に会えた ⇔ 家族と心が通じ合っていた

きらきらわらって ⇔ お母さんたちとはぐれる / ひとりぼっち

こわくて、にげる

わらいながら走り出す ⇔ ふらふらする足をふみしめて

〈ちいちゃんへのメッセージ〉

・地上ではつらかったけど、よくがんばったね。一人でこわかったでしょう。空の上でみんなと会えてよかったね。空の上でもかげおくりをしていますか。きらきら笑って走れてよかったね。

活動≫ ちいちゃんへのメッセージを書こう

ちいちゃんになりきって実感すること。また、ちいちゃんに寄り添って声をかけること。この2つの活動を通して、ちいちゃんと同じ気持ちで空襲の夜を感じ、妹に思いを寄せるようにちいちゃんへの感想を書くことができるであろう。

④評価

最後のかげおくりの様子と、ちいちゃんの思いを、表現をとらえて具体的に想像し、ちいちゃんへのメッセージとして書くことができたか。［評価の方法：学習シートのメッセージ］

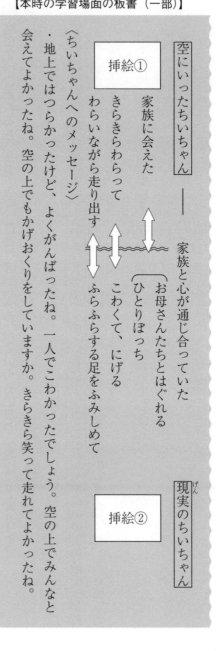

学習シート例

ちいちゃんのかげおくり

名前（　　　　　　　　　　　）

今日のめあて

★はじめのかげおくりとくらべてみよう。

※ちがっているところを見つけて線を引き、「ふしぎ」について考えましょう。

教科書22頁８行～23頁12行までを掲載する

★空にいったちいちゃんに、メッセージを書こう。

ちいちゃんへのメッセージ

4年 ウナギのなぞを追って

1　教材の特徴と教材分析

興味をもったところについて要約し、紹介することを学習目的とした説明文である。マリアナの美しい群青色の海、ウナギの稚魚レプトセファルスの透き通った写真などとともに書かれているのは、ウナギの謎を長年にわたって追求する調査の話である。ウナギの謎である産卵場所を突き止めるために、「実に八十年近くの年月」をかけたという。その年月の長さに驚くが、調査の道筋やその方法が年代を追って書かれて、少しずつ謎の解明に近づいていく様子が明快に述べられるため、苦労や苦難の跡は見えにくい。

この文章を読む子どもたちは、何に興味をもつのであろうか。大きく分けて二つの内容が考えられる。一つは「ウナギの生態と産卵場所の謎」、もう一つは「ウナギの謎に一歩一歩近づく調査の道筋」である。

ウナギへの興味が湧く部分

生態「とうめいで、（中略）海流に乗って運ばれやすくなっているのです。」…教科書90頁図2と照らし合わせると、その形や運ばれ方が目に浮かぶ。

「体の中には、（中略）輪のできる部分があります。」

大きさ「体長は五十四ミリメートル」「―体長は四十、三十、二十ミリメートルと、しだいに小さくなっていきました。」…生まれた場所から海流に乗って成長しながらどんどん西へそして北へと向かう様子が分かる。

調査への興味が湧く部分

年代 「調査が始まったのは、一九三〇年ごろ」「一九六七年」「私が加わるようになったのは、一九七三年」「一九九一年」「一九九四年」「二〇〇五年」「二〇〇九年五月二十二日、新月の二日前の明け方」…年代を挙げるだけでなく、その間の年月を数えると、その長さから調査が延々と続いていることを感じ取ることができる。

調査の道筋 「—と思われました。—と考えられました。」「—上流に行くほど—はずです。予想どおり—いきました。」「—と分かりました。—すれば、たどり着けるはずです。」「わたしたちは、そう考えました。」「しぼりこまなければなりません。」「もしかしたら—かもしれない、そう考えて—さらに調査を続けました。」…このような表現に着目すると、考えを深めながら調査していく進め方が分かる。

図と照らし合わせる 調査の道筋は、図や写真を見ることで明確に理解できるようになっている。子どもたちは、まず図や写真を見て、それから文章を読み、再び図で書いてある内容を確かめるというようにしながら、理解を深めて調査の道筋をたどっていくことになる。

感動が伝わる表現 「ついにそのしゅんかんは、やって来ました。」「期待とこうふんに包まれました。」「にじ色にかがやいていました。」「船の中に大きなかんせいがあがりました。」「三十六年の年月が流れていました。」…調査の道筋を、筆者とともにたどってきた子どもたちにも、この感動は伝わることであろう。

2 授業づくりの実際

（1）単元におけるしかけ

しかけ1 子どもの意欲と課題づくり

「きょうみをもったところを中心にしょうかいしよう。」という学習活動を軸とするが、「要約」という重要な学びが入る。「要約」とは、**目的や必要に応じて**内容を短くまとめることである。本学習では、子ども一人一人が興味をもったところを紹介するという目的に応じることになる。それぞれの興味に応じて要約を指導したいが、教師一人で、個々の興味についての要約指導は困難である。そこで、子どもたちが興味をもつであろう内容を、「ウナギ」と「調査隊」（本文では「調査グループ」と表記）に大きく分類し、さらにその中で、またいくつかの内容に分類する。

ウナギ
①レプトセファルスとよばれるウナギの赤ちゃんの大きさや色や形のこと
②レプトセファルスが見つかる場所のこと
③レプトセファルスの大きさから、ウナギがたまごを産む場所を見つけること

調査隊
❶調査隊が何年もかかってがんばり続けたこと
❷調査隊がどんどんなぞ「たまごを産む場所」に近づいていくこと
❸調査隊の調査のしかたやそこから考えたこと

（③と❶〜❸をまとめて）共通課題

子どもたちの興味をこの6つの内容に分類し、同じ興味をもった6グループに分かれて課題を追求する。ウナギは、海流に運ばれ西から北へと進んでいく。また、調査隊はこれとは逆に、海流をさかのぼって南へ東へと進む。逆ではあるが、課題のウナギ②③と調査隊❷の場所や大きさなどは共通する。そこで、途中からは、**共通課題「なぞ・ウナギがたまごを産む場所を追う」**にして全員で話し合いを進める。こうして興味をもった部分を調べ、シートに記載し、最後にシートに書かれた内容をまとめて、紹介文を書く。

しかけ2 深い学びを実現する対話指導

図のような6つの興味別グループに分けて、学習を進める。単元の前半は、興味を持ったところを、メモしたり書き抜いたりする学習が中心になる。そこでは、同じ興味をもったメンバーが「なぜそこに興味があるのか。」を話し合う。後半では、ウナギのなぞに迫る同一課題になるが、同じ興味別メンバーで話し合う。

ウナギチーム

- レプトセファルスの特徴
- レプトセファルスの旅（見つかる場所と大きさ）
- ウナギがたまごを産む場所のなぞをとく

調査隊チーム

- （調査隊のがんばりの歴史）○○年に何をしたか
- レプトセファルスの見つかる場所や大きさ
- ウナギが卵を産む場所のなぞをとく

しかけ3 学習シートの工夫点

興味をもったところを中心に要約していくために、子どもたちは、まず、「調査隊」と「ウナギ」の2つのチームに分かれる。そこで、それぞれのチームに合った次ページのようなシートを用意した。

このシートの特徴は、**工夫点①**全員に共通して学習してほしい事柄があること。**工夫点②**子どもたちの興味の違いに対応していること。さらに、それぞれの課題に応じて、調べる項目を**工夫点③**のように設定した。

工夫点① 共通して学習してほしい事柄をどちらのシートにも入れる。

紹介するために、きょうみをもったところを「要約」（　　）することになります。

読みがなをつけてね。

要約とは・・・

教科書のどこかに書いてあります。見つけて、書きましょう。

工夫点② 「ウナギ」と「調査隊」に分けてシートをつくる。

工夫点③ 「ウナギ」と「調査隊」の中でも、違った興味に対応できるような項目をつくる。

共通の項目
何年か　とれた場所　大きさ

ウナギ
形や色など（なぜそんな形なのか）

調査隊
調べて思ったこと、考えたこと

学習シート例「調査隊チーム用シート」

（調）きょうみをもったところを中心に、しょうかいしよう

② ウナギのなぞを追って

名前（　　　　）

自分のグループ名を書きましょう。

グループ

紹介するために、きょうみをもったところを「要約（　　　）」することになります。

← 読みがなをつけてね。

要約とは…

教科書のどこかに書いてあります。見つけて、書き写しよう。

（1）きょうみをもったところを、ぬき出しましょう。

ウナギのなぞを追うのに、大切なところは、必ず抜き出そう。

まず、「中」の部分の④、⑤段落からさがしましょう。

何年か	とれた場所	大きさ	調べて思ったこと、考えたこと

☆
・教科書を開き、前を向いてすわっていられました。（　）…1点
・先生の話を、だまって聞けました。（　）…2点
・先生の話を聞いて、シートに書けました。（　）、…2点
・立って、意見が言えました。（　）…5点

合計　　点

学習シート例「ウナギチーム用シート」

（う）きょうみをもったところを中心に、しょうかいしよう

② ウナギのなぞを追って

名前（　　　　）

自分のグループ名を書きましょう。

グループ

紹介するために、きょうみをもったところを「要約（　　　）」することになります。

← 読みがなをつけてね。

要約とは…

教科書のどこかに書いてあります。見つけて、書き写しよう。

（1）きょうみをもったところを、ぬき出しましょう。

ウナギのなぞを追うのに、大切なところは、必ず抜き出そう。

まず、「中」の部分の④、⑤段落からさがしましょう。

何年か	とれた場所	大きさ	形や色など（なぜそんな形や色なのか）

☆
・教科書を開き、前を向いてすわっていられました。（　）…1点
・先生の話を、だまって聞けました。（　）…2点
・先生の話を聞いて、シートに書けました。（　）、…2点
・立って、意見が言えました。（　）…5点

合計　　点

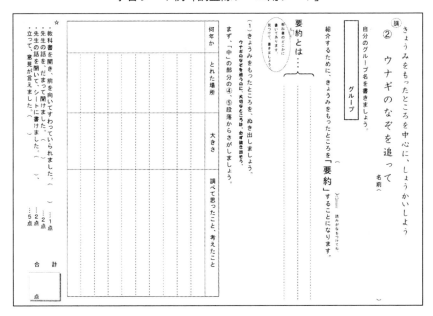

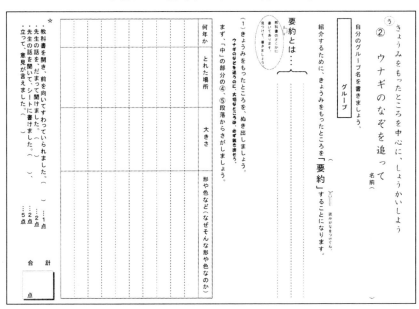

（2）授業展開例

①単元の目標

○文章の表現を引用したり、自分の言葉に言い換えたりして、短くまとめることができる。（知識及び技能）

○事実と考察の関係をおさえて読み、自分が興味をもったところを中心に要約して紹介文を書くことができる。（思考力、判断力、表現力等）

○自分が興味をもったところについて詳しく読もうとするだけでなく、他の部分に興味をもった人の考え方や感じ方の違いに気づこうとしている。（学びに向かう力、人間性等）

②指導計画（全8時間配当）

1次　学習計画を立てる。

・全文通読後、興味をもったことについて感想を交流する。……1時間

・興味をもって詳しく読みたい内容を挙げ、学習チームをつくる。
・学習の計画を立てる。｝……1時間

2次　興味をもったところのチームで、それぞれの課題について詳しく読み取る。

調査隊チーム	ウナギチーム
・調査の目的、始まりについて	・ウナギの赤ちゃんレプトセファルスの生態について……1時間
・より小さなレプトセファルスを追って	・大きくなっていくレプトセファルスを追って……1時間

チーム共通で「ウナギがたまごを産む場所のなぞ」に迫る

・なぞに迫る2つのひみつを見つける。……1時間

・ウナギがたまごを産む場所をしぼりこむ。……1時間

3次　興味をもったところを中心に要約し、紹介文を書く。

・今まで学習したシートをもとに、要約して紹介文を書く。……1時間

・紹介文を発表し合う。……1時間

③展開例（第5時）

1　課題をつかむ　各チームの課題をつかむ。

ウナギチーム「大きくなっていくレプトセファルスを追って」

調査隊チーム「より小さなレプトセファルスを追って」について調べていくことを確認する。

2　興味のある部分を見つけ出す。

④⑤⑥段落から、それぞれ興味のある部分や大切だと思われる部分について、学習シートに書き出す。

3　興味のある部分を発表する。

活動≫　それぞれのグループで、興味をもったところを図や写真を示して発表しよう

ウナギチーム

〈レプトセファルスの特徴に興味をもったグループ〉

「とうめいで、やなぎの葉のような形をしています。

—海流に乗って運ばれやすくなっているのです。」

〈レプトセファルスの旅に興味をもったグループ〉

「台湾の近くの海で、大きさは五十四ミリメートル」

調査隊チーム

〈見つかる場所や大きさに興味をもったグループ〉

「台湾の近くで大きさは五十四ミリメートル」

「四十、三十、二十ミリメートルと、—小さく」

〈調査隊のがんばりの歴史に興味をもったグループ〉

「一九六七年」「一九七三年のこと」「一九九一年には」

活動》 図や地図を見せながら、自分のチームの発表をしよう

ウナギチームの発表

「レプトセファルスは、とうめいで、やなぎの葉のような形をしています。海の中でしずみにくく、海流によって運ばれやすくなっているのです。」

「一九六七年、台湾の近くの海で体長五十四ミリメートル。かなりのきょりを海流で流されてきた。」

「レプトセファルスは、海流にのって運ばれているうちに、二十ミリ、三十ミリ、四十ミリ、—とだんだん大きくなっていきます。」

調査隊チームの発表

「一九六七年、台湾の近くの海で体長五十四ミリメートル。かなりのきょりを海流で流されてきたものと思われました。」

「一九七三年、海流の上流へ行くほど、小さいものがいるはずです。予想通り、四十、三十、二十ミリメートルと体長はしだいに小さくなっていきました。」

4　それぞれの発表内容の共通点を見つけて話し合う。

活動》 相手チームの発表から、自分の発表と関係のあるところを見つけよう

調査隊チーム

レプトセファルスの形は、海の中でしずみにくく、海流によって運ばれやすくなっているというのが、ぼくたち調査隊の調査結果と合っているので関係があると思います。

ウナギが、二十、三十、四十ミリメートル、とだんだん西へ北へと進み、そして五十四ミリメートルで台湾の近くまできているのが、私たち調査隊グループの調べた大きさと逆でした。

ウナギチーム

調査隊が、レプトセファルスを最初にとったのが一九六七年、台湾の近くです。そして、四十、三十、二十ととれるのはしだいに小さくなっていきます。つまり、逆なんです。

さっき、ウナギチームが地図でウナギの進む道を見せてくれたけど、「黒潮」の↓と同じで、海流に乗っているからです。逆なのは、調査隊が海流の上流に向かっているからなんです。

こうして、相手チームの発表から、調査隊は、「海流に乗って運ばれるレプトセファルス」の動きを「さかのぼって」調査することが、実感をもって理解された。次時からは、調査の道筋に沿って読み取るには、地図や図で調査の内容をたしかめながら読んでいく必要があると、子どもたちに理解された学習例である。

④評価

自分の興味と関係づけて相手の発表を聞き、考えを深めている。［評価の方法：話し合った内容の記録・学習シート］

4年 ごんぎつね

1 教材の特徴と教材分析

登場人物の行動や気持ちの変化を捉え、感じたことや考えたことを話し合う学習である。

いたずらぎつねのごんと人間の兵十、この2人の登場人物が、最後にごんの死によって心を通い合わせることになる物語である。村のおじいさんから聞いた昔話という設定だが、死によってしか分かり合えない悲劇を描いた文学とも読める。この悲劇はどこから生まれるのか、まず人物設定から考えてみよう。

ごん…ひとりぼっちでさみしいので、いたずらをして気を引く。暗い森の穴の中は隠れ家にはいいが、みんなのいる場所にいたい。人間の言葉は話せないが、想像力があり、行動を反省し、つぐないをする。

兵十…おっかあと2人暮らしで、母が死んだ後はひとりぼっち。周りに無頓着な性格。

ひとりぼっちのさみしさという共通点はあるものの、敵対視されている「いたずらぎつねのごん」と「人間である兵十」が心を通い合わせることはほぼありえないという設定である。さらに、それぞれの性格も、この悲劇的な結末に一役買っている。ごんは、人間から追われる者の常であろうが、よく観察し、考える性格である。ひとりぼっちになった兵十に対して、想像をめぐらせて、うなぎを盗ったことへのつぐないを始める。さて、兵十は、どうだろう。ちょいといたずらを仕掛けたくなる鈍さや、おおざっぱさがある。最後の場面でも、くりや松たけが目に入って「なぜ?」と考えていれば、兵十はごんを撃ち殺さなかったのでは、とも思える。

また、物語は、ごんの行動を追って書かれていて、読み手は、読み終わった後に強く悲哀を感じる。つぐないをしようと思い立ってからのごんは、まるで兵十に片思いをしているかのようである。兵十に気づいてほしい、でも気づかれたくないと、「兵十のかげぼうしをふみふみ」隠れながら兵十へのつぐないを続ける。「おれは引き合わないなあ。」と思いながらも、またくりを持っていくごん。このつぐないの行動を時系列で捉えると変化が分かり、同時に、ごんの兵十への同情や共感が、愛着へと強まっていくことが分かる。

最後の場面では、読み手の子どもたちの期待を裏切って、ごんは撃ち殺されてしまう。ここからは兵十の視点で描かれる。兵十の言葉が「ごんぎつねめが」から「ごん、おまえ」に呼び方が変化していること、「じゅうをばたりと取り落とし」ていることから、兵十の驚愕と後悔の念、そして親愛の情さえも伝わってくる。「青いけむりが、まだつつ口から細く出ていました。」の表現から、取り返しのつかない出来事は、一瞬の間に起こったこと、また、死んでいくごんを悼む線香をイメージさせる情景表現とも相まって、深く考えさせる余韻を残す。このようなすばらしい情景描写もこの教材で指導しておきたい。他にも、雨が降って、二、三日「しだのいっぱいしげった森の中」の「あな」にいたごんが、久しぶりに外へ出ると「からっと晴れていて、もずの声がキンキンひびいて」気分が高揚していくのが感じられる。そこで見た兵十の姿は「ぼろぼろの黒い着物をまくし上げて」魚を取り、「顔の横っちょうに、円いはぎの葉」が「大きなほくろみたいにへばりついて」いるのである。これを見たごんのいたずら気分が高まることが分かる表現である。このように、景色からごんのそのときの気分を想像したり、逆にそのときの気分を象徴する景色を見つけたりすると、情景を読み味わうことができるようになる。

2　授業づくりの実際

（1）単元におけるしかけ

しかけ1　子どもの意欲と課題づくり

初読後の感想交流から生まれた**課題は①②④**である。「なぜあんなにひどいいたずらをするのか。」「そんなごんが、つぐないをするきつねに変わるのはなぜ。」「兵十は、なぜごんのつぐないに気づかず、撃ち殺してしまうのか。」といった初発の感想だけでは、深く読み味わうことが難しいので、いくつか付け加えたのが、「・」課題である。「プロフィールづくり」と題して興味をひく人物の設定を最初に行う。また、情景描写を読み味わうために「ごんの○○気分」が高まる原因を見つける課題を入れ、そこから、ごんの心情の変化を読み解くようにする。授業実践では、つぐないについての話し合いから、**課題③と⑤**が生まれた。

・ごんと兵十のプロフィールをつくろう。

①いくらなんでもひどいごんのいたずらとは。

・ごんの「いたずら気分」が高まる周りの様子を見つけよう。

②ごんは変わった。いつ、どうして？

・ごんが「つぐない気分」になる周りの様子をを見つけよう。

③（つぐないがごんだと分かってもらえないのに、）なぜ、ごんはつぐないを続けるのか。

④兵十は、なぜごんのつぐないに気づかなかったのか。

⑤ごん、最後の時、２人の思いは？

しかけ2 深い学びを実現する対話指導

「ごんぎつね」の14時間にわたる長い学習の間、興味と意欲を持続させ、最後のクライマックスに向けて学習を深めてくために、「なりきり対談」を提案する。子どもたちは、ごんと兵十のどちらかになりきり、両者の思いが通じ合わないところを話題とし、課題を追求するために話し合う学習である。対談を支えるものとして、「ごん日記」「兵十日記」を書き、話題の出来事についての、それぞれの人物の思いを書いておく。

子どもたちは、ごんの視点で読んでいくのだが、同時に村人や兵十の視点でも読み、その食い違いを捉えることに興味をもつであろう。どちらの思いも分かったうえで、なぜ、ごんと兵十の思いが通じ合えなかったかを考えていくことが、読み深める鍵となる。

授業は、話題○○をめぐって話し合うことで、課題を追求していくという学習活動となる。

なりきり対談話題

対談1「ごんのいたずらをめぐって」	課題① ごんと兵十のプロフィールをつくろう。 課題② いくらなんでもひどいごんのいたずらとは。
対談2「うなぎ事件をめぐって」	課題③ うなぎでごんは変わった。どうして？
対談3「いわし事件をめぐって」	課題③ いわしでごんは変わった。どうして？
対談4「ごんのつぐないをめぐって」	課題③ なぜ、ごんはつぐないを続けるのか。 課題④ 兵十は、なぜごんのつぐないに気づかないのか。
対談5「ごん、おまえだったのかをめぐって」	課題⑤ ごん、最後の時、2人の思いは？

しかけ3 学習シートの工夫点

〈シート例①〉 ごんのプロフィール作成と、対談1「ごんのいたずらをめぐって」の学習のためのシートである。

工夫点① プロフィールでは、家族、趣味、性格、すみかなどが自由にメモできる空白がある。

工夫点② なりきり対談では、ごんと兵十、どちらになってもよいように、両者の日記を書く欄を作った。実践では、両方の日記を書いて対談に臨む子が多かった。ごんはこんな風に考えているが、兵十はそう考えていないなどという食い違いをきちんと捉えたいという意欲の表れであろう。

〈シート例②〉 **課題③**「なぜ、ごんはつぐないを続けるのか。」、**課題④**「兵十は、なぜごんのつぐないに気づかないのか。」について学習する時のシートである。

「―そのおれにはお礼を言わないで、神様にお礼を言うんじゃあ、おれは引き合わないなあ。」と、ごんが、このシートの場面（4・5）の最後でつぶやく。しかし、その明くる日も、やはり、ごんは兵十のうちにくりや松たけを持って出かける。ここから、「なぜごんはつぐないを続けるのか。」また、「こんなにごんがつぐないを続けているのに、兵十はなぜ気づかないのか。」という疑問が子どもたちの中に起こる。この場面のごんの行動を追うことで、「気づいてほしいが、気づかれたくない」様子、また、兵十への同情・共感から親愛の情へと変化するごんの心情を、読み取ることができるようにするためのシートである。

工夫点① ごんの行動だけを視写するシートであるが、兵十と加助の会話や動きが書かれているので、それを読んでから書くことになる。こうして、ごんが2人の後をつけていく理由や、気づかれたくない思い、気づいてほしい思いを理解し、兵十に親愛の情を寄せるごんの思いが分かるようになる。

学習シート例①

② ごんぎつね

名前（　　　　）

学習のめあて　もっとよく読んで考えたいこと、みんなで話し合いたいことなどを書きましょう

★ごんのプロフィール　…ごんはどんなきつねかを、調べたり想像したりして、ごんの横顔のまわりに書きましょう。

★「ごん日記」　または「村人日記」を書きましょう

ごん

村人

学習シート例②

⑥ ごんぎつね

名前（　　　　）

★学習課題

兵十に気づいてほしい。でも、気づかれたくないごんの行動をさぐってみよう。
（どうして、気づかれないように行動しているのでしょうか。）

「月のいいばん」のごんの行動を、書き出してみよう。

月のいいばんでした。

中山様のおしろの下を通って

松虫が鳴いています。

話し声はだんだん

おれの知らんうちに置いていくんだ。」

「ほんとかい。」

加助がひょいと後ろを見ました

加助はごんには気づかないで

大きなぼうず頭がうつって、動いて

いました。

しばらくすると、

おきょうを読む声が聞こえてきました。

気づかれたくないごんの気持ちが分かる人は、ふきだしに書きましょう。

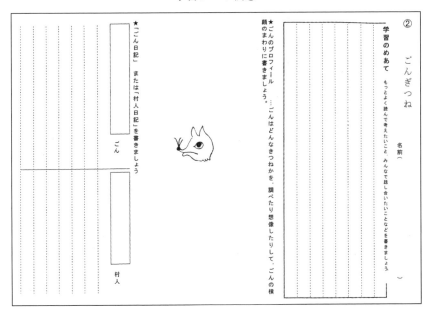

（2）授業展開例

①単元の目標

○情景表現や人物の行動、考えを表す表現に気づき、登場人物の思ったことや考えたことを想像することができる。（知識及び技能）

○場面の移り変わりや情景に着目しながら、叙述をもとに登場人物の気持ちを考え、なりきり日記やふきだしに書くことができる。（思考力、判断力、表現力等）

○物語を読んで感じたことや考えたことを交流し、他者との考えの違いに気づき、自分の考えを深めようとする。（学びに向かう力、人間性等）

②指導計画（全14時間配当）

1次　学習計画を立てる。

・全文通読後、登場人物や出来事について感想を交流し、学習課題と計画を立てる。…2時間

2次　なりきり対談を通して、学習課題を解決する。

・ごんと兵十の人物設定を読み取る。（プロフィール作り）…1時間

・対談1「ごんのいたずらをめぐって」なぜごんはいたずらをするのか。…2時間

・対談2～3「○○事件をめぐって」ごんの気持ちは、いつ、どうして変わったか。…2時間

・対談4「ごんのつぐないをめぐって」ごんは、明くる日も、なぜくりをもっていくのか。…2時間

・対談5「ごん、おまえだったのかをめぐって」ごんの最後の時、2人の思いは。…2時間

3次「それからの兵十」の続き話を書き、発表する。…3時間

③展開例（第8～11時）

1　課題をつかむ。兵十が神様にくりや松たけのお礼を言うことになると、ごんはがっかりしている。では、「なぜ兵十は気づかないのか。また、どうしてごんは明くる日もまた、くりや松たけを届けるのか。」という本時の課題をつかむ。

2　本時の4・5場面音読の後、学習シートにごんの行動だけを視写。（学習シート例②を参照した後、劇化する。）

活動≫「月のいいばん」のごん、兵十、加助を劇で再現しよう

兵十と加助は会話をしながら歩く。あとをつけるごん。（こっそりと気づかれないように歩く。）このとき、シートのごんのふきだしを、台詞としてつぶやくとよい。びくっとして立ち止まったり、井戸のそばにしゃがんで、長い時間、兵十を待っていたりしたわけを考える。さらに「兵十のかげぼうしをふみふみ」の2人の距離は、かげの長さで意外に近いことや、兵十のかげをふみふみ歩くごんの様子を劇で実感する。

兵十に、つぐないのことを気づかれたい、でも、今までさんざんいたずらしてきた「きつね」だから、ひどい目にあわされるのではないか。さらにくりや松たけは神様からだと思われている。もうつぐないはやめようと、シートのふきだしに書く子も多いであろう。

3　本時の課題について考えを深める。

活動≫なぜ、ごんは明くる日もくりや松たけを持っていったか、話し合おう

「ずっと続けていれば、いつか、おれが悪かったと思っていることを分かってくれるだろう。」…反省。

「やっぱり、ひとりぼっちの兵十は、助けてやりたい。おれと同じだから。」…同情、共感。

「気づいてもらえなくてもいいんだ。兵十さえ幸せなら。」…親愛。

4　本時の課題⑤「ごん、最後の時、2人の思いは」をつかむ。

活動≫ 最後の場面を劇で再現しよう

うちと物置の場所、入り口と出口の位置を確認する。このとき、「物置」＝「なや」であることを確認する。

兵十は、うちの中に入ったごんに気づき、すぐに火縄銃を取り、裏口からごんを追うようにうちの中に入る。戸口を出ようとするごんを、後ろからドンと撃つ。兵十役の子が「ごんぎつねめが。ようし。（うちころしてやる）」などの台詞を言うことで、兵十はうなぎを盗まれた時のままの気持ちであることや家の中など全く見ていないことに気づく。

5　「ごん、おまえだったのか」をめぐって、なりきり対談をする。（ごんチームから）

「やっと、くりや松たけを持ってきているのが、おれだって気づいてもらえた。おれはうれしいよ。」

「おれはもう死んでしまうけど、おまえのことをずっと見守っていてやるぜ。幸せにな、兵十。」

――といった意見が出たら、対談の司会である教師が、場面を分けて、具体的に話させる。――

活動≫ 死ぬ前にごんが言いたいことを、全部話そう（ごんチームが次々と話す）

2場面「おっかあがうなぎを食べたいと言ったんだろう。それをおれが盗ってしまったんだ。そしてうなぎを食べさせてあげられないまま、兵十のおっかあは死んだんだ。悪いことしたなと思っていたんだよ。」

3場面「だから、つぐないをしたのさ。いわしを投げ込んだのも、実は、おれです。」

4～5場面「あのとき、いわしやにぶんなぐられて痛かっただろう。だから、もう盗んだ物はやめたんだ。」「月のいいばんに、おれがあとをつけてたのも気づかなかったんだろ。おれもかくれていたからな。でもつぐないしてることを、気づいてほしかったんだよ。」

6場面「今日もくりや松たけを持ってきたのは、兵十さえ幸せなら、いいと思ったんだよ。気づいてもらえなくても。」

活動》 兵十がごんに言いたいことを、全部話そう

「ごん、おまえだったのか。くりや松たけを持ってきてくれていたのは。もっと早く家の中を見回していればなあ。ああ、撃たなければよかった。」

「おれは、ほんとうのひとりぼっちになってしまったよ。」

「ごん、おれはおまえのやさしさを一生忘れないよ。」

6　今日の対談について感想を交流する。（・は交流時に出た意見）

・兵十が、ごんに対して「ありがとう」や「ごめん」という気持ちをもっていたので、ごんは死ぬ前はひとりぼっちではなく、2人でした。でも、兵十の方は、ごんをうってしまって、自分で自分をひとりぼっちにしてしまったと思います。

・兵十も、ごんも、かんちがいしたりされたりする。人間、誰だってそうなんだと思います。

・今日の対談は悲しかったと思いました。兵十は自分のことを思ってくれるごんを亡くしてしまったけれど、ごんは死ぬときに、自分のことを思ってくれる人、つまり兵十がいてうれしかったと思います。

・ごんも兵十もやさしく思いやりのある人だと思います。兵十はごんをうってしまったことを心から後悔し、あのやさしいごんのことを、一生、忘れずに暮らしていくと思います。

④評価

登場人物について、感じたことや考えたことを交流し、お互いの感じ方の違いに気づく。［評価の方法：話し合った内容の記録・学習シート］

5年

固有種が教えてくれること

1　教材の特徴と教材分析

資料を用いた文章の効果を考えて読む学習である。筆者は、固有種が進化について教えてくれる貴重な存在であること、また、日本に固有種が多い理由から、日本に暮らす私たちがその豊かな環境を守る責任があると主張している。この筆者の考えを効果的に伝えているのが、資料として示される図表である。

しかし、題名の「固有種」に始まり、「種」「分布」「分断」「出現」「自然の作用」「生き証人」など、読み手である子どもたちにとって、意味を捉えるのが難しい語句が多い。さらに、「変化に富む」「今日まで長く保たれる」「消息を絶つ」といった言い回しも、文章の上での具体的な意味を教師から補足説明する必要がある。

また、何百万年という時の流れの上で起こった列島の進化の過程や、種の絶滅などの内容を、読み手に理解させ、筆者の考えへと導いていくには、図表からも内容を読み解いていくことと、筆者の論に納得しながら読み進めることが不可欠となる。

資料を用いた文章の効果について

資料である図表については、まず、文章のどの部分と対応しているかを見つける。その上で、図表があることでより分かりやすくなっている点（効果）を見つけるとよいであろう。

【資料1　日本とイギリスの陸生ほ乳類】
地図　日本とイギリスがユーラシア大陸の西と東の同じような位置にあることや、国土の大きさが似ていることが一目で分かる。似ている点を挙げることで、下の表から読み取れる違いがクローズアップされる。
表　文と照らすことで、まず「陸生ほ乳類の種の数（うち固有種）」を見る。次にそれほど違わない「国土面積」の項目、さらに、「一万平方キロメートルあたりの種の数（うち固有種）」の違いの順でみていく。
【資料2　日本列島の成り立ち】
文章の「三つのちいき」の成り立ちを示す地図である。成り立ち当時の日本列島の地図に、固有種であるアマミノクロウサギ、ニホンザル、およびヒグマの絵があるので、より分かりやすくなっている。また、その上に各時代の名称のついた年表があり、図と照らせば何年前の何期かが分かるようになっている。ここで、注目したいのは、「三つのちいき」と書かれているのに地図が4つあることだ。動物の絵のないはじめの地図（図1）は、大陸と陸続きで、アマミノクロウサギをはじめ、多くの動物が大陸から渡って来た時期、その後の3つの地図（図2、3、4）は、分断されて固有種が生まれた時期を示している。
【資料3　1年間の平均気温】【資料4　標高】
2つの資料が、同じ大きさの日本地図に、色分けした凡例をつけて並記してある。なぜ、よく似た地図を並べてあるのか。それは、さまざまな動物たちが何万年も生き続けてきた理由が、この2つだからである。つまり、豊かで多様な環境を形作る「気候の違い」と「変化に富んだ地形」が一目で分かるようになっている。
【資料5　絶滅したとされる動物（ニホンオオカミの剥製、ニホンカワウソの写真）】
「まぼろしの動物」「二度と会うことのできない動物」などの表現に照らして、見せたい写真である。
【資料6　天然林等面積の推移（棒グラフ）】【資料7　全国のニホンカモシカほかく数（折れ線グラフ）】

ニホンカモシカを保護した結果、天然林が減少するという因果関係を読み取る資料である。2つのグラフを対応して見るために、上下に並べてある。「天然林が減少するのにともなって、」と対応するのが資料6、「害獣としてくじょされるようになった」と対応するのが資料7である。筆者の考えである「固有種の保護はその生息環境の保護とのバランスが重要」を効果的に印象づけるには、天然林のグラフが下降するに伴って、カモシカの捕獲数が増えていることに着目してグラフを見ることが必要となる。つまり、「ニホンカモシカの生息場所である天然林が減少するのにともなって、植林地に現れ、幼木の芽を食べるようになり―害獣として駆除されるようになった」ことの根拠となるグラフなのである。

読み手に納得させる筆者の論の進め方について

「はじめ」に示した考えを、「中」で資料を効果的に用いて説明し、「終わり」で筆者の伝えたいことを述べる、という形をとっている。「中」の後半から「では―なぜでしょう。」「では、―どうでしょうか。」と読み手に問いかけながら論を進めることで、我々は自然環境を守る責任があるという筆者の主張に導いている。

はじめ（考え）	中（説明）	終わり（主張）
・固有種は、生物の進化の研究に役立つ。 ・日本には、固有種がたくさん生息するゆたかな環境がある。	・固有種が多いわけを、日本列島の成り立ちから説明。 ・日本には、固有種が生き続けるゆたかな環境があることを説明。	・固有種は、進化や列島成り立ちの生き証人として貴重な存在である。 ・日本のゆたかで多様な自然環境をできる限り残すのがわたしたちの責任。

2　授業づくりの実際

(1)　単元におけるしかけ

しかけ1　子どもの意欲と課題づくり

初読後の子どもたちの感想を予想すると、次のような内容になるであろう。

・今も生き続ける固有種の動物や、絶滅した動物に興味をもつ。
・「きちょうな固有種」が日本に大変多いこと、それが、「日本のゆたかで多様な環境のあかし」であること。

このような、興味はあるが表面的な読みから、深い読みのめあてにつなぐために、「1　教材の特徴と教材分析」の横線部分（119～120頁）から、意欲をもって解決したい課題をつくることを提案する。

資料1から**①日本とイギリスはよく似ているのに、なぜ固有種が日本に多いのか。**
資料2から**②絵の動物は3つであり「三つのちいき」と書かれているのに、なぜ地図は4つなのか。**
資料3・4から**③なぜそっくりの地図が2つ並べてのっているのか。**
資料5から**④なぜニホンオオカミやニホンカワウソに、二度と会うことができなくなったのか。**
資料6・7から**⑤なぜ特別天然記念物のニホンカモシカがくじょされるのか。2つのグラフから考えられることは?**

これらの課題を解決していくうえで、筆者の考えが理解できていくであろう。そこで、課題⑥**「責任」という重い言葉を読み手に納得させる、筆者の表現の工夫を見つけよう。**が設定できる。

しかけ2 深い学びを実現する対話指導

資料である図表の読み解き方を学ぶことから、筆者の伝えたい内容に納得する読みへと導きたい。この学びを全員の子どもたちにつかませるのが、「対話」である。対話を取り入れた授業にするには、3～4名程度のグループによる話し合いを経て、その結果を全体で深める形をとる。しかし、次のレベル1～レベル3の段階を踏むことが、非常に重要である。

レベル1 課題①は、**全員で**文章と図表の対応の見つけ方を学ぶ。そして、そこから浮かぶ疑問「なぜ固有種が日本に多いのか」の答えは、文章の「中」の部分にあるという文章構成の工夫を見つける。

レベル2 課題②の問題とする地図は、最初の動物がのっていない地図（図1）である。それが問題であるという認識をもつために、「アマミノクロウサギ」「ニホンザル」「ヒグマ」の3つの動物が付いているそれぞれの地図は、それぞれの動物がどうなった時代なのかを**全員で**読み取る。その後、**グループで**、問題の地図（動物がのっていない地図）は、どの文と対応するのかを手がかりに、地図が4つある理由を話し合い、筆者の工夫につなぐ。

レベル3 レベル1～レベル2では、まず文章と地図を対応させて読む。次に、そこから考えられる「筆者の工夫」について話し合うということを学んできた。レベル3になった段階では、**一人一人で**、地図と文を対応させ、そこから考えられる筆者の工夫について自分の考えをもつ。それから、**グループで**、この考えを出し合い、話し合うようにする。最後に、グループで出た意見を、**全体の場**で出し合い、さらに深めたり広げたりする。このレベル3での学習は、課題③④が相応である。課題⑤⑥については、**全体で**着目する点について話し合う時間をとった後、**グループ**に戻す。

しかけ3 学習シートの工夫点

課題② 「絵の動物は3つであり『三つのちいき』と書かれているのに、なぜ地図は4つなのか。」に対応した学習シートである。

工夫点① 次に示す順で記入しながら学習を進めていくと、図と文章を対応して理解できるようになっている。

★1で、まず動物名を記入し、興味を引きつける。

★2で、それぞれの図に対応する文の取り出しを行い、地図の一つ一つについて書かれていることをつかむ。

課題で、「3つなのに4つなのはなぜ」と問いかけ、図1は大陸と陸続きだから、動物が渡ってきた時期を指し、図2～図4は、3種の動物が描かれた「三つのちいき」が大陸と切り離された時期の地図であることとつかむ。つまり、資料2は、日本列島の成り立ちと固有種が生まれた時期を4つに分けて順に示してあるということを理解していく。

工夫点② 最後に、本時の資料から分かったことをまとめる欄がある。各資料でも同じように記すので、学習の最後に、それぞれの資料の効果を取り出すことができる。

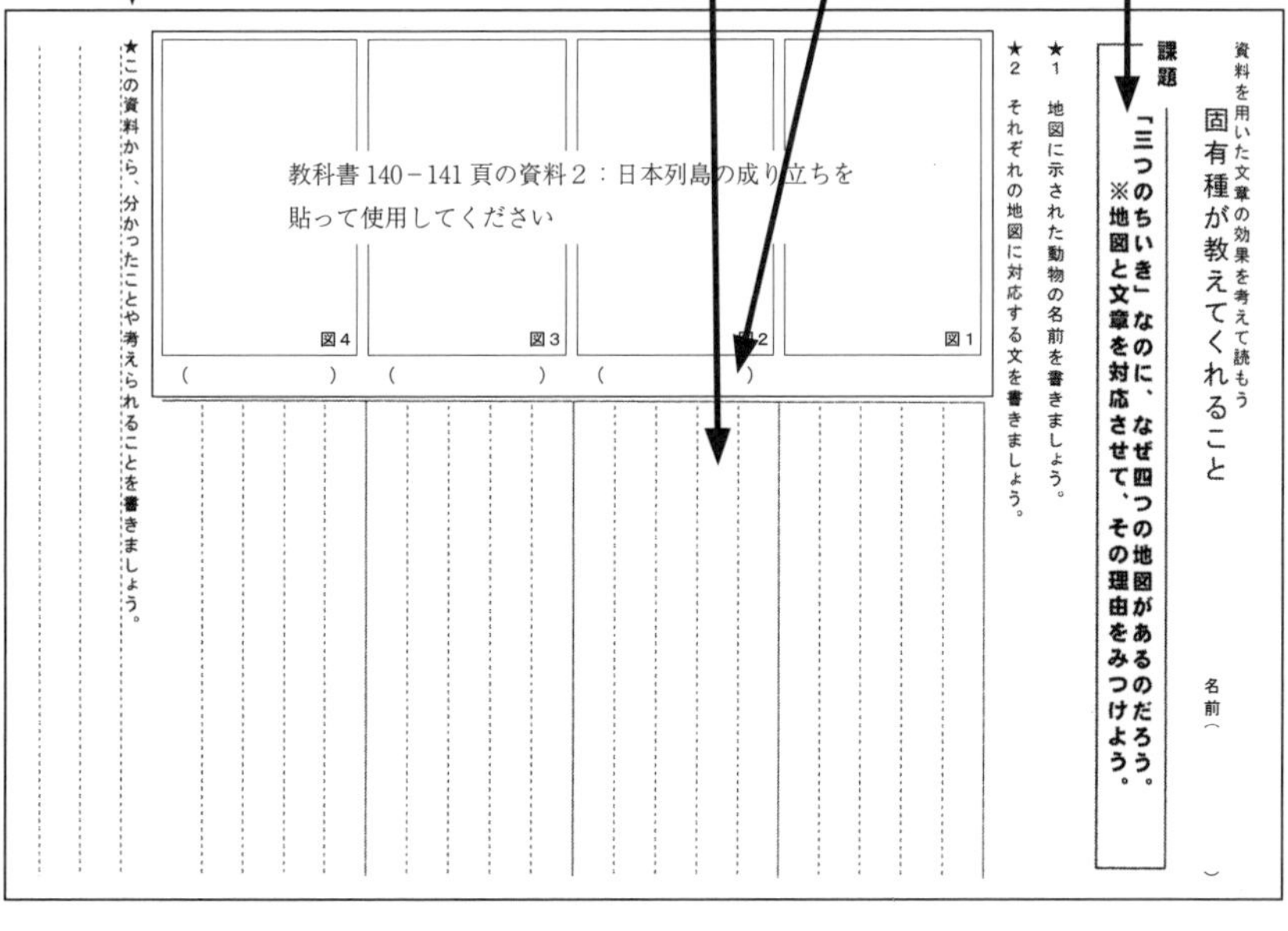
資料を用いた文章の効果を考えて読もう
固有種が教えてくれること
名前（　　　）
課題
「三つのちいき」なのに、なぜ四つの地図があるのだろう。
※地図と文章を対応させて、その理由をみつけよう。
★1　地図に示された動物の名前を書きましょう。
★2　それぞれの地図に対応する文を書きましょう。
教科書140－141頁の資料2：日本列島の成り立ちを貼って使用してください
図1　図2　図3　図4
（　　）（　　）（　　）（　　）
★この資料から、分かったことや考えられることを書きましょう。

学習シート例

資料を用いた文章の効果を考えて読もう

固有種が教えてくれること

名前（　　　　　　　）

課題

「三つのちいき」なのに、なぜ四つの地図があるのだろう。
※地図と文章を対応させて、その理由をみつけよう。

★1　地図に示された動物の名前を書きましょう。

★2　それぞれの地図に対応する文を書きましょう。

図1（　　　　）

図2（　　　　）

図3（　　　　）

図4（　　　　）

教科書140－141頁の資料2：日本列島の成り立ちを貼って使用してください

★この資料から、分かったことや考えられることを書きましょう。

（2）授業展開例

①単元の目標

○図表や写真などと文章を対応させて読むことができる。（知識及び技能）
○図表などを用いて分かりやすく表現することや、説得力のある論の展開のしかたなどの筆者の工夫を見つけて、話し合うことができる。（思考力、判断力、表現力等）
○固有種について関心をもち、資料を読み取って考えようとしている。（学びに向かう力、人間性等）

②指導計画（全8時間配当）

1次　学習計画を立てる。
・文章を最後まで読み、感想を交流した後、単元の学習内容の見通しを立てる。…2時間
2次　図表を読み取り、課題を見つける。
・資料1から、図表と文を対応させて読み、課題①を設定する。…1時間
・資料2の図表を読み取り、課題②を解決する。…1時間
・資料3、4、資料5から、課題③④を解決する。…1時間
・資料6、7から、課題⑤を解決する。…1時間
3次　筆者の説明の仕方の工夫を、2つの観点から見つけて話し合う。
・観点1　図表の効果「それぞれの図表はどのような効果があるか。」…1時間
・観点2　表現「私たちに、責任という考えをもたせるための筆者の表現の工夫は？」…1時間

③展開例（第4時）

1　資料の動物の絵から、本時の学習への興味をもたせる。（・は、つぶやきまたは話し合いで出そうな意見）

活動≫ 地図の動物の絵を見て、名前を記入しよう　1人学習

・図1には、動物がいないね。

・アマミノクロウサギはうさぎなのに耳が短いね。奄美大島に行かないと見られないんだね。

・動物園にいるから、ニホンザルは見たことがあるよ。ヒグマは北海道にいるんだ。

2　地図と文章を対応させて読む。

活動≫ それぞれの地図に対応する文を見つけてシートに書こう　1人学習→全員学習

・図2ですが、「アマミノクロウサギ」と「南西諸島の―」の島の名前が入っている文がいいと思います。

・ウサギの名前と生息するちいき、そして「更新世前期」の時代名も入っている⑤段落の最初の文がよりぴったり対応していると思います。アマミノクロウサギが2回目に出てくる文は、「生き残ったというわけ」が書いてある文で、資料と対応しているわけではありません。

板書　アマミノクロウサギの生息する南西諸島は、更新世前期に大陸から切りはなされて島になりました。

・図3は、「ニホンザル」の入った文だから、簡単に見つけられるよ。

板書　本土にはニホンザルなど、主に更新世中期のものが生き残り、固有種になっています。

・図4も、動物の名前と、時代名が入るようにしたいね。⑥段落の1文目に「完新世」、2文目に「ヒグマ」があるから、この2つの文をつなげよう。

板書　北海道が大陸とはなれたのは、完新世とよばれるひかく的新しい時代です。固有種が少なく、ヨーロッパまで分布しているヒグマなど、大陸と同じ種がたくさんすんでいます。

教師　みなさんは、「種の名前」「時代名」という2つの共通点を見つけて、対応する文を見つけましたね。これ以外にも、対応する文（3つ）に共通するものはありませんか。

・「南西諸島は―切りはなされて」と「北海道が大陸とはなれたのは」という文は共通していると思います。

・アマミノクロウサギの文では「生き残った」、ニホンザルの文は「生き残り」と書いてあります。

・この2つの意見から、大陸から切り離されて生き残った動物が「固有種」になった時代の地図だと分かります。ただ、ヒグマは、生き残りではなくて、大陸にもたくさんいると書いてあります。

3　日本列島の成り立ちと固有種が生まれる理由を考える。

活動≫　課題②「絵の動物は3つであり『三つのちいき』と書かれているのに、なぜ地図は4つなのか。」について、グループで話し合う。その後、グループで出た意見を出し合い、全員で話し合おう

教師　「三つのちいき」にあてはまらない図1がある理由を話し合いましょう。

・図1は、動物の絵がないね。アマミノクロウサギのいる島が切り離される前の日本みたいですね。

・時代名が文にないけど、図1の上の年表を見ると、「鮮新世」です。

・「三つのちいきに分けられますが、それは、大陸から切りはなされて島になった時期が―ことなるためです。」と書いてあるから、図1は大陸と切りはなされる前の地図だと思います。

・動物名が文にないわけは、「陸続きのときに多くの動物が、大陸からわたってきた」時代だからです。

・アマミノクロウサギやニホンザル、ヒグマは、切りはなされて生き残った動物の名前と分かります。

④評価

図と文を対応させて読み、4つの図があることで日本列島の成り立ちと固有種が生まれる理由が分かりやすくなっていることをつかむ。［評価の方法：話し合った内容の記録・学習シート］

5年

大造じいさんとガン

1 教材の特徴と教材分析

優れた表現に着目して、物語の魅力を伝え合う学習である。大造じいさんの心情や残雪の様子が、生き生きと描かれる。また、情景を通して、じいさんの心情が描かれているのも、この教材の特徴である。

心情表現

登場人物は、大造じいさんと「残雪」と名付けられたガンである。残雪は、ガンの頭領として、大造じいさんの目を通して表現される。物語のはじめでは「なかなかりこうなやつ」「いまいましく思って」といった表現であるが、「思わず感嘆の声をもらして」「たいしたちえをもっている」というように、じいさんの狩りに対するライバルとして描かれるようになり、「ううん。」と敗北のうなり声をあげるまでになる。ハヤブサとの戦いの後には、「いかにも頭領らしい、堂々たる態度」「いげん」に「強く心を打たれて」と畏敬の念にあたるような表現に変化する。そして、最後のシーンでは残雪を「えらぶつ」と呼び、「おれたちは、また堂々と戦おう」と大きな声で呼びかける。このように、動物の本能に支えられた残雪の行動が、大造じいさんの目を通して崇高な美しいものとして捉えられ表現される。これは、作者、椋鳩十の動物物語の特徴である。

情景表現

冒頭の文章に、大造じいさんの家の炉ばたの「すがすがしい木のにおいのするけむりの」という一文がある。この「すがすがしさ」にこれから語る残雪の物語への心情が映されているようだ。また、「それからそれと」語られるじいさんの狩りの話のすべてにわたって、野生の動物への畏敬の念が込められていることを感じ取ることができる。さらに、この表現を糸口として、椋鳩十の他の作品を読む活動に移行できる。

この作品の情景では、じいさんの心情が、太陽の光と色で表現される。「秋の日が、美しくかがやいて」「あかつきの光が、小屋の中にすがすがしく流れこんで」「東の空が真っ赤に燃えて」これらはすべて、大造じいさんの残雪との戦いに挑む際の心情である。これに対して、残雪は、白で表現されている。ハヤブサとの戦いの場面では「羽が、白い花弁のように、すんだ空に飛び散りました。」と青空に白い羽という美しくも緊迫した情景が、読者の脳裏に浮かぶ。最後のシーンでは「らんまんとさいたスモモの花が、その羽にふれて、雪のように清らかに、はらはらと散りました。」と、大造じいさんの残雪に対するすがすがしい思いが表現される。

行動描写

大造じいさんの、残雪との戦いにかける思いが、その行動とともに描写されている。「今年こそは」と「一晩中かかって、しかけておきました。」「むねをわくわくさせ」「子どものように、―喜び」「会心のえみをもらし」「ほおがびりびりするほど」の緊張感で、残雪への戦いを挑む。しかし、残雪は、戦うのではなく「仲間を守る」姿を見せ、仲間を襲うハヤブサとの戦いの様子が、臨場感をもって描かれる。ハヤブサとの戦いの後、第二の恐ろしい敵であるじいさんの前での「正面からにらみつけました。」「じたばたさわぎませんでした。」といった行動が、じいさんの目を通して、「いかにも頭領らしい、堂々たる態度」「頭領としてのいげん」と表現されている。

2　授業づくりの実際

（1）単元におけるしかけ

しかけ1　子どもの意欲と課題づくり

①大造じいさんと残雪のちえくらべ。
②大造じいさんの、戦いにかける思いをとらえよう。
③大造じいさんの気持ちが、現れている景色を見つけよう。
（情景さがし）

「ウナギ釣り針作戦」
「タニシばらまき作戦」
「おとり作戦」

④残雪に学ぶ「リーダーシップ」とは。
⑤自分が選んだ「感動のシーン」発表会をしよう。

①～⑤の課題は、子どもの感想をもとに作成したものである。子どもは残雪の味方で、残雪の行動に感動を覚えるが、大造じいさんの視点で読んでいることには気づきにくい。そこで、「大造じいさん対残雪」の戦いの構図として捉えることで、じいさんの行動や心情、情景の読みに迫る計画を立てる。また、5年生も後半を迎え、最高学年としての意識が子どもたちに芽生え始める頃である。リーダーとはどのようなものかを、残雪に学ぶという課題を加えることも、意欲をもって読み取る一つの方法であろう。課題⑤の子どもたちが選ぶ感動のシーンは、ハヤブサとの戦い、じいさんとの対峙、残雪を逃がすシーンに集約されるであろう。感動の文章を視写し、それを音読で伝える発表会を計画することで、どの場面でも、感動を表す音読の仕方を、意欲的に工夫するようになる。

しかけ2 深い学びを実現する対話指導

ここでは、課題を解決していくうちに生まれる二次課題（問題意識）に着目する。大造じいさんと残雪のちえくらべにおいては、じいさんが負けっぱなしである。「おとり」という卑怯なやり方を使ってでも勝ちたいというじいさんの闘争心を、行動、心情そして情景からも想像してきた子どもたちは、「ハヤブサとの戦いに傷ついて目の前にいる残雪を、大造じいさんはなぜ捕えなかったのか。」という問題意識をもつことになる。しかし、子どもたちのほとんどは残雪の味方で、「かわいそう。助けてあげて当然。」という思いをもつ子も多い。そこで、この場面の読みを深めるために、次に示す2つの立場から考えることで、深い学びにつなぐ。

目の前にいる残雪を獲物として捕える立場

・狩人として、獲物を捕るのは当然の仕事
（今まで、残雪のために、獲物を捕れなかった。）
・今までの作戦は、残雪のために失敗しているので今度こそはという長年の思いや、狩人としてのプライドがある。

ただの鳥
⇩
たいしたちえをもっている
⇧
強く心を打たれて、ただの鳥に対しているような気がしませんでした。

助けて、傷を治し、放してやる立場

・ハヤブサと人間という2つの敵がありながら、残雪の目には救わねばならぬ仲間のすがたがあるだけ。
・残りの力をふりしぼって、第二のてきであるじいさんを正面からにらみつける。
（鳥とはいえ、いかにも頭領らしい堂々たる態度）
・手をのばしてもじたばたさわぎませんでした。
（最期の時を感じて、頭領としてのいげんをきずつけまいと努力しているよう。）
・おれたちは、また堂々と戦おう。

2つの立場から考えて対話することで、じいさんの心が動く理由を深く読み取ることができる。

しかけ3　学習シートの工夫点

工夫点①

★学習課題

3の場面の、大造じいさんの（　　　　　　）作戦にかける思いを見つけ、それでも、じゅうを下ろした理由を考えよう。

今回で3回目となる作戦名を書かせることで、今まで失敗に終わってきた2つの作戦を思い起こさせる。そして、じいさんのくやしい思い、今度こそはという思いを推測してから、学習に入る。

「それでも、」と文を続け、銃を下ろすじいさんの思いを読むことが、本時の学習の中心になることを見通す。

工夫点②　〈大造じいさんは，なぜじゅうを下ろしてしまったのだろうか。〉の欄に、まず自分の考えを書かせる。それから、「じいさんが見た残雪の姿を視写しよう。」として、上の部分の空欄には、残雪の絵が描けるようになっている。

自分の考えを叙述で確かめ、さらに絵に描くことで、感動の場面を思い描くことができる。仲間を救うために戦う残雪、また、傷つきながらも、首をしゃんと持ち上げて、じいさんを真正面からにらみつける残雪は、じいさんの心を動かした。そのシーンを表現と絵から、読み取ることができるようになっている。

学習シート例

人物の生き方や考え方に感想を持とう

大造じいさんとガン

名前（　　　　　　　　　　）

★学習課題

３の場面の、大造じいさんの（　　　　　　）作戦にかける思いを見つけ、

それでも、じゅうを下ろした理由を考えよう。

〔大造じいさんの作戦にかける思い〕

〔大造じいさんは、なぜじゅうを下ろしてしまったのだろうか。〕

じいさんが見た残雪の姿を視写しよう。

♥今日の学習で

（　　　　　　　　　　）

(2) 授業展開例

①単元の目標

○情景を表す表現の特徴を見つけることができる。（知識及び技能）
○大造じいさんの思いを変化させた残雪の様子を、表現に着目して読み、じいさんの心情について想像して話すことができる。（思考力、判断力、表現力等）
○情景や大造じいさんの思いを想像して読み取り、作品のよさを味わおうとしている。（学びに向かう力、人間性等）

②指導計画（全7時間配当）

1次　学習計画を立てる。…2時間
・全文を読んで感想を交流し、学習課題を設定する。
2次　大造じいさんの作戦にかける思いを読み取る。…3時間
大造じいさん　vs　残雪　でそれぞれの行動や思いを調べる。
・「ウナギ釣り針作戦」
・「タニシばらまき作戦」
・「おとり作戦」
3次　残雪のどんなところが、大造じいさんの心を変化させたのかについて話し合う。…2時間
・「じいさんは、なぜ銃を下ろしたか。」「なぜ残雪を助けて逃がしたか。」

③展開例（第6時）

1　今年の「おどり作戦」にかけるじいさんの思いをつかむ。

活動》第3場面のはじめから、おどり作戦を実行するまでの文章を音読で確認する

活動》じいさんのつぶやき（青）、動作（黄）、じいさんの思いとぴったりの景色「情景」（赤）を、文章から見つけ、色別に線を引く。それから、学習シートに抜き書きする

3つのジャンルで色分けをした理由は、それぞれの場面で対比してみることで、表現の特徴をつかむことができるからである。表現の対比は、136頁の板書例を参照してほしい。

活動》これまでの2つの作戦での表現と比べながら、じいさんの思いについて、話し合う

つぶやき・思ったこと（・は、話し合いで出た意見）

・「今年はこれを使ってみるか。」では、今までとは違った方法を思いついて、いい気分になっている。

・1回戦の、「子どものように声を上げて喜びました。」では、きっと笑っていると思います。

・「うまくいくぞ。とにっこりとしました。」は、前回の「うまくいったので会心のえみ」と似ています。

・「さあ、いよいよー」「さあ、今日こそ、あの残雪めにひとあわふかせてやるぞ。」で、今日こそは、残雪を仕留めるぞという気持ちが分かります。

・「むねをわくわく」させるのも同じです。うまくいきそうだと思うと、「わくわく」する。私も同じです。いつでも、大造じいさんは、うれしいとわらったり声をあげたりして喜ぶ人です。子どもみたいです。

2　大造じいさんの様子から心情を読み取る。

・つぶやきの意見で出た「にっこりと」「わくわくしてきました。」で、気持ちがすごく盛り上がってきているのが分かります。はりきり過ぎて失敗しないように「しばらく目をつぶって、心の落ち着くのを待ちました。」「冷え冷えするじゅうしんをぎゅっとにぎりしめました。」と、熱くなっている気持ちを冷ましているんです。

・前回は「ほおがびりびりするほど引きしまる。」と書いてあり、今回は「しばらく目をつぶって、心の落ち着くのを待ちました。」と書いてありますが、気持ちは同じで、とても緊張していると分かります。

3　情景から大造じいさんの心情を想像する。

・1回戦は「秋の日が美しくかがやいて」、2回戦は「あかつきの光が、小屋の中にすがすがしく」そして、今回は「東の空が真っ赤に燃えて」です。どれも、太陽が表現されています。

・大造じいさんは、太陽のように熱く燃えているんだと思います。とくに今回は「燃えて」いるから、今までの中で一番やる気をだしている。絶対負けないぞ。しとめてやるという気持ちが分かります。

活動≫ これだけ残雪との戦いに熱く燃えている大造じいさんがなぜ銃を下ろしてしまったのかを考える

銃を構える場面は、2回あったことを確かめ、それ

【板書例】

★今回の作戦にかける大造じいさんの思いは

	前回まで	今回
つぶやき（思ったこと）	子どものように声を上げて喜び／わくわく／会心のえみ／「しめたぞ。」「目にもの見せてくれる。」「ううん。」うなる	「今年はひとつ、これを使ってみるか。」「うまくいくぞ。」にっこり／わくわくして「さあ、いよいよ戦闘開始だ。」「今日こそ、あの残雪めにひとあわふかせてやるぞ。」
動作	じゅうをぐっとにぎりしめた ほおがびりびりするほど引きしまる	しばらく目をつぶって じゅうしんをぎゅっとにぎりしめ
情景	秋の日が美しく輝いて／あかつきの光がすがすがしく	東の空が真っ赤に燃えて

ぞれについて意見を交わす。

空を横切ったとき

・「残雪の目にはーただ、救わねばならぬ仲間のすがたがあるだけでした。」と書いてあるのは、じいさんがそう思って見ているのです。命をかけて仲間を救おうとしているから、銃を下ろしたんです。

・じいさんがそう思っただけじゃなくて、残雪もそう考えていると思う。思っていないなら逃げるはずです。

・ハヤブサにやっつけられようとしているのは、じいさんが飼い慣らしたガンです。それを救う残雪は、今度こそはと思っている大造じいさんでも、撃てないと思う。

むねの辺りをくれないにそめて、ぐったりしているとき

・「ーいかにも頭領らしい、堂々たる態度」や、「最期の時を感じて、せめて頭領としてのいげんをきずつけまいと」というところで、残雪の頭領としての立派さに心を打たれたから。

★なぜ、じいさんはじゅうを下ろしたのだろう
空を横切ったとき
残雪の目には、ーただ、救わねばならぬ仲間の
すがたがあるだけ ← 大造じいさんの目
ーをくれないにそめて、ぐったりしているとき
いかにも頭領らしい、堂々たる態度
頭領としてのいげんを
きずつけまいと
深く心を打たれて

4　大造じいさんが心を打たれた描写を味わう。シートに、心を打つ残雪についての表現を視写し、絵にも描く。

④評価

大造じいさんの心情表現に着目して読み、思いの変化を想像して話すことができる。［評価の方法：話し合った内容の記録・学習シート］

6年 『鳥獣戯画』を読む

1 教材の特徴と教材分析

『鳥獣戯画』の絵のどの部分から「何を」「どのように感じ」、「どんな」言葉で表現しているかをつかみ、筆者のものの見方を捉える学習である。また、『鳥獣戯画』はユーモラスな絵なので、自分なりの感じ方をし、筆者とは違った絵の解釈や評価をする子どもたちも出てくるであろう。これをを交流することで、自分とは違った見方があることを発見するおもしろさを味わえる。また、自分の絵の解釈や感じ方を伝える時には、筆者の表現から学んだことを生かして、生き生きと効果的に表現できるようになることも目指したい。

前半部分は、『鳥獣戯画』の概要と筆者の解釈が述べられるので、筆者が、何をどのように感じて、どう表現しているかを、みんなで読み取る学習となる。

次に示す部分で、子どもたちの解釈を交流するとよいであろう。

筆者とは違った解釈を引き出せる部分

着目した絵の部分	筆者の解釈、考え	子どもの解釈を引き出すポイント

①兎を投げ飛ばした蛙の口から出ている線、ポーズ、目と口。	激しい気合いがこもる。「ええい！」「ゲロロッ」	蛙と同じポーズをとり、目を大きく開く。ふきだしに、蛙の言葉を書く。
②応援兎の目と口の筆さばき。	「おいおい、それはないよ」目も口も笑っている。	兎と同じポーズをとる。また、目と口の表情から、ふきだしを書く。
③三匹の応援蛙の、それぞれのポーズと表情。	どういう気分を表現しているのか、今度は君たちが考える番だ。	三匹の蛙と同じポーズをとり、表情も見る。相撲をしている蛙と、線の太さを比べる。絵につけたふきだしに、三匹の言葉を書く。

筆者の表現から学ぶ

〈書き出しの工夫〉短い文で、絵の一番の見どころの部分を実況中継のように伝えている。

〈読み手に呼びかける表現〉「―してごらん。」「どうだい。」「わかるね。」「〜かな。」「そう、きっとこれは、」など。

〈感じ方の表現〉「なのではないか。」「たいしたものだ。」「にちがいない。」「実にすばらしい。」など。

〈絵の出し方〉同じ絵でも、目的に合わせて、部分だけ見せたりつながっているところを見せたりしている。


次の単元「日本文化を発信しよう」で、これらの学びを生かして表現するとよい。

2　授業づくりの実際

（1）単元におけるしかけ

しかけ1　子どもの意欲と課題づくり

まず、絵から読み取ったことを言葉にすることから、学習を始める。

兎が小さな蛙に負けるなんて、おかしいよ。でも、おもしろいね。

蛙のもようや兎の毛並みが本物みたいで、すごく上手だなあ。

「痛いよ、やめてくれ。耳は兎の弱点なんだ。」と兎が言っています。

①この絵の「おもしろさ」や「絵のうまさ」をどこで感じるか。

どこがどう面白いのか、あるいは、どこがどう上手なのかについて説明する。

②この絵にストーリーをつけよう。

絵の場面の話や、登場人物（蛙と兎）の台詞をつくる。さらに、絵のどこを見てそう思ったかを、書き加える。

次に、筆者である高畑勲さんの文章を読むと、絵についてのストーリーの書き方のうまさや、絵のどこに視点を当ててどう書いているかなどについて、参考としたい点が見つけ出される。

そこで、次の課題が設定される。③高畑勲さんの表現のうまさを盗もう。「盗む」という表現は「見つけて、自分のものとする。」という意味である。次の単元「日本文化を発信しよう」で生かす目的で、「盗む」というインパクトのある表現を使う。

また、文章から、筆者と自分との感じ方の違いも発見されるであろう。そこで、④『鳥獣戯画』、わたしはこう見る。というテーマで、前述した3つの絵の着目点（138〜139頁参照）について、意見を交流する。これを、次単元につなげる。

しかけ2　深い学びを実現する対話指導

絵を読み取って、感じたことや考えたことを話し合う学習が中心となる。今まで述べてきたように、子どもたちの視点で、絵を見て感じたことを言葉にして伝え合えばよいのだが、より深い学びへと導くためには、次の点を大切にして指導する。

（1）「描き方」を見る場合、絵のどこを見たのか、着眼点をはっきりとする。さらに、取り上げた対象の線、ポーズ、筆さばきなどどれに着目し、どんな特徴を捉えたのか、感じたことを言葉にする。

（2）「絵のストーリー」を読み取る場合は、場面がどこで、どう変わったのかを見つける。そして、場面の説明と、登場人物の台詞を考える。

対話の場面では、話し合う内容を一致させることが、最も重要である。例えば、絵の兎と蛙の相撲の場面に着目し、描き方の「ポーズ」について、それぞれ感じたこと考えたことを話し合う。また、「△△のようになっているから、□□と感じる。（と思う）」のように理由について話させると、「いや、私は同じ理由でも、◯◯のように感じる。なぜなら、〜だから。」というように、見方・感じ方が広がり、深まる話し合いが実現する。

しかけ3 学習シートの工夫点（第4時、「ストーリー」と「描き方」についての意見交流で使用）

工夫点① 「ストーリー」について書きたいか、「描き方」について書きたいかを選ぶことができる。これは、この絵を見て、一番に感じたことを大切にして、意見をつくることを目的としている。

工夫点② 着目した絵の部分に矢印をつけるようになっている。絵のどこについての意見なのかをはっきりさせるために、矢印を入れ、その部分についての意見を書く。台詞を書く場合は、絵の人物に①②③などと書き入れるとよい。

工夫点③ 見るポイントを示してある。

・ストーリーについては、「話の筋と台詞」を入れ、

・描き方については、「線、ポーズ、筆さばき」

に着目して書くように指示してあるため、この後の話し合いでは、同じ視点での意見を交流することができ、学びの広がりと深まりが期待できる。

工夫点④ 意見を交流した時には、友達の意見やそれについての自分の考えを書くことができる。まず、自分の考えを書いた後、それをもとに交流する時間をもつ。同じ視点での友達の意見については、特に、興味をもって聞くことであろう。それをメモすることで、自分との見方、感じ方を比較し、さらに深化・拡充した自分の意見を、書きまとめることができる。これは、評価にも役立つ。

学習シート例

ものの見方を広げよう　『鳥獣戯画』を読む

名前（　　　　　　　　　　　）

★学習課題
絵を見て、気づいたことを話し合おう。

★あなたは、何について話し合いたいですか。
絵の描き方について　（　　）
絵のストーリーについて　（　　）

ストーリー 話のすじとせりふを入れる。	着目した絵の部分に↓をつけましょう。	描き方 線、ポーズ、筆さばきなどの視点で書く。
	教科書145頁の絵を貼って使用してください	

※友達の意見のメモ　☆自分の見方と違った点にラインを引き、感想を書こう。

（2）授業展開例

①単元の目標

○比喩や文末の表現の工夫に気づき、どのような言葉や方法で説明や評価をすると効果的かを知る。
（知識及び技能）

○絵と文章の関係をおさえて筆者の考え方を捉え、自分の考えを明確にして話し合うことができる。
（思考力、判断力、表現力等）

○絵と文章を対応させて読み、その感じ方・考え方を通して自分のものの見方を広げようとしている。
（学びに向かう力、人間性等）

②指導計画（全6時間配当）

1次　鳥獣戯画の絵を読む。

・自分の見方・感じ方で『鳥獣戯画』についての感想を交流する。……1時間

・筆者の絵の見方・感じ方と自分たちのそれとを比べ、「絵を読む」ための課題を見つける。……1時間

2次　絵の描き方の視点で、「何を」「どのように」感じたかを言葉で表す。

・絵のどこからどのように感じたかをシートに書く。……1時間

・「ストーリー」と「描き方」について、意見を交流する。……1時間

3次　考えを効果的に伝えるための表現や構成の工夫について考える。

・筆者の表現のうまさや構成の工夫を見つける。……2時間

③展開例（第4時）

1　課題をつかむ。**課題「『鳥獣戯画』、わたしはこう見る。」**というテーマで、気づいたことを話し合う。自分は、ストーリーと描き方のどちらで意見を言うのかを確認し、さらに、「ストーリー」「描き方」のジャンル別グループに分かれる。

2　同じジャンルのグループで、意見を交流する。

ストーリーグループ　での話し合い。（・は話し合いで出た意見）

・まず、あらすじだけど、この絵の1つ前の場面の絵から話した方がいいね。
・兎と蛙がすもうをとっていました。「はっけよい、のこった。」組んだとたん、蛙が兎の耳をかみました。
・「あっ、それはないよ。耳は兎の弱点なんだ。やめろ。」すると応援兎が言いました。「おいおい、やめろよ。完全に反則だぜ。」
・でも、「蛙は歯がないから、大丈夫。」とかまれた兎が言っている。理由は、ちょっと笑っているからだよ。
・ここで、絵をぱっと変えたらどうだろう。紙芝居みたいに重ねておいて、上の絵を抜くんだ。
・次の、投げ飛ばした蛙の台詞だけど、ぼくは、同じポーズを取ってみたんだ。すごく気合いも入っているのが分かるし、「どうだ、やったぞ。」という台詞がぴったりだ。君も、同じポーズをとってごらんよ。
・やってみるね。「とりゃー。蛙とばしー。」「ゲロローッ。どうだー。」
・じゃあ、この三匹の応援蛙も、同じポーズを取ってみよう。
・この立って手をふりあげている蛙は、「ひゃー、びっくり。」と書いたんだけど、投げ飛ばすポーズみたいだから、「えいやっ。勝ったぞ。」の方がいいかもしれないね。
・地面を見ているような蛙は、きっと、地面をたたいて大喜びしてるんだ。「やったぞ、やったぞ。兎に勝った。」きっと、いつも兎に、やっつけられてるんだよ。兎と同じ大きさで相撲をしたら勝つんだ。

・発表するときは、ストーリーを言う役、絵を変える役、兎役、蛙役を決めて、絵の様子を実際に演じて説明しよう。

描き方グループ

・私は、すもうを取っている兎と蛙の絵についてですが、すごく、力が入っている感じがしました。なぜかというと、他の応援している兎や蛙とは線の太さが違うからです。

・本当だね、特に、背中、腕、太ももの線が太い。そこに力が入っているんだろう。

・ひっくり返った兎の背中と右足の線が一番太いです。きっと、すごい勢いで転がったんだと思います。筆者の高畑さんは、「もんどりうって」と書いています。

・辞書では「もんどり」は、「空中で体を回転させること」と書いてあるので、一回転して、ひっくり返ったから、よっぽどすごく投げ飛ばされたようです。

活動≫ 感じたことを効果的に伝える工夫について話し合おう

・ポーズもすごいです。兎は両足が、上に向いてしまっている。この両足や線の太さを指して発表しよう。

・線の話にもどりますが、蛙の口から出ている線が、けっこう長いと思うので、「はあーっ。」とか「えいやあーっ。」と大声で、長く叫んだと思います。この叫びも入れて伝えると効果的です。

・筆さばきについても、台詞をつけ加えて発表するといいと思います。投げ飛ばされた兎を指し示しながら、「あはは、やられた。」と言うといいと思います。痛いなら、目をつぶって、口をへの字にかくと思うけど、目は開いているし、口は大きく開けて笑っているようです。これらも、一つ一つを指し示して、その効果を伝えると、より分かりやすいと思います。

活動》 **2つのジャンルグループの発表の後、意見を交流しよう**

ストーリーについて

・私は、三匹の蛙は、実は兎の応援をしていて、「ありゃー負けちゃった。」「ざんねーん。」「えーん、くやしいよ。」と言っている感じがしていました。でも、ストーリーグループの発表を聞いて、三匹の蛙が大喜びで、大笑いをしているというのを、劇のように、実際のポーズをとってやってもらって、すごく面白かったです。この絵は、もともと愉快な絵なので、やっぱり、蛙たちは大笑いしているのかなとも思いました。

・「蛙」対「兎」で、いつも大きくて強い兎が、蛙に負けちゃうところがおもしろいんだと思います。

・さっきの意見のように、兎と蛙が混じったチームで遊んでいるという話も、仲良しでいいなと思います。

描き方について

・線の太さについての意見が、なるほどと思いました。本当に、一番太いのが、兎の背中と足の線でした。勢いがあるほど、太い線で書かれているのかなと思いました。他の絵も、線に目をつけて見てみようと思いました。

・目や口の筆のちょっとした書き方で、表情がすごく表れることが分かりました。

④評価

取り上げたい絵の部分について、効果的な表現を使って自分の考えを伝えるとともに、他の意見を聞いて自分の見方を広げることができる。［評価の方法：学習シート］

6年 やまなし

作者の表現によって描かれる作品の世界を捉えたり、作者の生き方と関連させて読んだりして語り合い、自分の考えをまとめる学習である。また、作者の他の作品も関連させて読みを深めたい。

1 教材の特徴と教材分析

表現上の特色

宮沢賢治の作品には、独特の表現が多く使われている。「つぶつぶ」「かぷかぷ」「ぼかぼか」「つう」といった心を澄ませば本当に聞こえてきそうな擬態語。「水はサラサラ鳴り」「トブン」と「落ちて」と見事に情景を浮かばせる擬音語。また、「クラムボン」「イサド」といった作者の造語もある。これらの表現は、子どもたちにとって、全く耳慣れないものであろう。だが、音から生まれるイメージ、あるいは情景からの想像を膨らませることによって、いつしかこの表現を味わうようになり、小川の底の青い美しい世界を思い描くことができるであろう。つまり、賢治の作品を読み味わうことで、自然に語感や想像力を磨くことができるのである。

また、鮮やかな色彩にあふれていることも、この作品の特色である。「鋼」、「鉄色」の「底光り」「ぎらぎらする鉄砲だま」に対して、「日光の黄金」「光のあみ」「白いかばの花びら」「白いやわらかな丸石」「月光のにじ」「ラムネのびんの月光」などの表現が対比的に使われている。殺伐とした不安や恐怖を表す表現と、夢のような美しさや豊かさを表す表現を味わうとともに、作者の伝えたいことは何かという問いかけをもたせてくれる。

象徴性・思想性について

天井から鉄砲玉のようにやってくるカワセミと「トブン」と落ちてくるやまなし、日光の黄金と月光のにじ。作者は、五月と十二月のこれらの対比を用いて、何を伝えたかったのだろうか。「わたくしのおはなしは、みんな林や野原や鉄道線路やらで、虹や月あかりからもらってきたのです。—けれども、わたくしはこのちひさなものがたりの幾きれかが、おしまい、あなたのすきとほったほんたうのたべものになることをどんなにねがうかわかりません」という賢治の言葉（注）がある。「やまなし」はこうした自然の豊かさ（過酷さ）と賢治の考える「本当の生き方」を象徴的に描いていると解釈したい。それには、「イーハトーヴの夢」で、彼の生涯を知るとともに、賢治の他の作品にも目を通すことが求められるだろう。

（注）（イーハトーヴ童話『注文の多い料理店』序文より）

賢治の他の作品から考えを深める

賢治の他の作品を読んで「やまなし」の学習に生かすには、作品の特徴から読む時期を選ぶと効果的である。

【先行して読ませたい作品】特徴本当に大切なものとは。自然への畏敬の念。展開の面白さ。／「虔十公園林」「注文の多い料理店」「どんぐりと山猫」「グスコーブドリの伝記」「北守将軍と三人兄弟の医者」

【並行して読ませたい作品】特徴オノマトペの多い表現。ファンタジー。豊かな色彩表現。作者の考え方。／「雪渡り」「月夜のでんしんばしら」「風の又三郎」「なめとこ山の熊」詩「永訣の朝」「雨ニモマケズ」

【学習後に読ませたい作品】特徴賢治作品の様々な要素が入っていて、彼の生き方を示す。／「銀河鉄道の夜」

2　授業づくりの実際

（1）単元におけるしかけ

しかけ1　子どもの意欲と課題づくり

〈「やまなし」を学習するための、基盤となる学びを行うために〉

課題①　宮沢賢治の世界について知ろう。

まず、宮沢賢治の生き方についての資料「イーハトーヴの夢」を読む。さらに、他の色々な宮沢賢治の作品を読み、その特徴をつかむための課題（言語活動）**「宮沢賢治ワールドを作ろう」**を提案する。

これは「やまなし」の学習と並行して行う読書活動である。

〈「やまなし」を読み、その作品の世界について話し合うために〉

課題②　「やまなし」の不思議言葉を解読しよう。

課題③　「やまなし」で宮沢賢治の伝えたかったことは？

五月と十二月を、4つの視点で対比して話し合い、作者の思いについて考えを深める。

〈宮沢賢治作品を読み広げるために〉

課題④　「宮沢賢治ワールドを作ろう」

様々な工夫で作品を紹介し、ワークショップを開く。課題**「読みたいと思わせたら、得点ゲット」**

課題**「宮沢賢治ワールドを作ろう」**

活動例

・メニュー別「賢治の本屋さん」
　おもしろい言葉が出てくる本
　美しい色彩が浮かぶ本
　不思議な世界へ行ける本
　賢治の願いが分かる本
・賢治の宝石屋さん
　読んだ本にでてくる宝石を説明、写真で公開
・銀河鉄道　星空めぐりマップ
・イーハトーヴの町ガイドマップ

しかけ2 深い学びを実現する対話指導

「やまなし」という作品の世界について深く考えるために、「パネルディスカッション」形式で話し合う。

パネルディスカッションとは、ある問題について、対立意見をもつ数人の代表者が討論を行い、のちに聴衆の質問や意見を求める討論会の形式である。

「五月」と「十二月」を対比して読むことで、作者の伝えたかったことを話し合うが、対比する視点を、4つ決めておく。①色、光、形 ②音、におい ③天井からやってくるもの ④兄弟の会話 である。これらの視点は、課題②「『やまなし』の不思議言葉を解読しよう」で、語感を感じ取るなどして、情景を想像する中で生まれるようにする。

話し合いが深まった頃、「作者の伝えたい理想とは「五月」と「十二月」のどちらか。」という対立的な内容で討論する。これは、どちらが正解かを問うものではなく、子どもたちの意欲を高めて、読みを深める目的をもつ学習活動である。

教室（パネルディスカッション会場図）

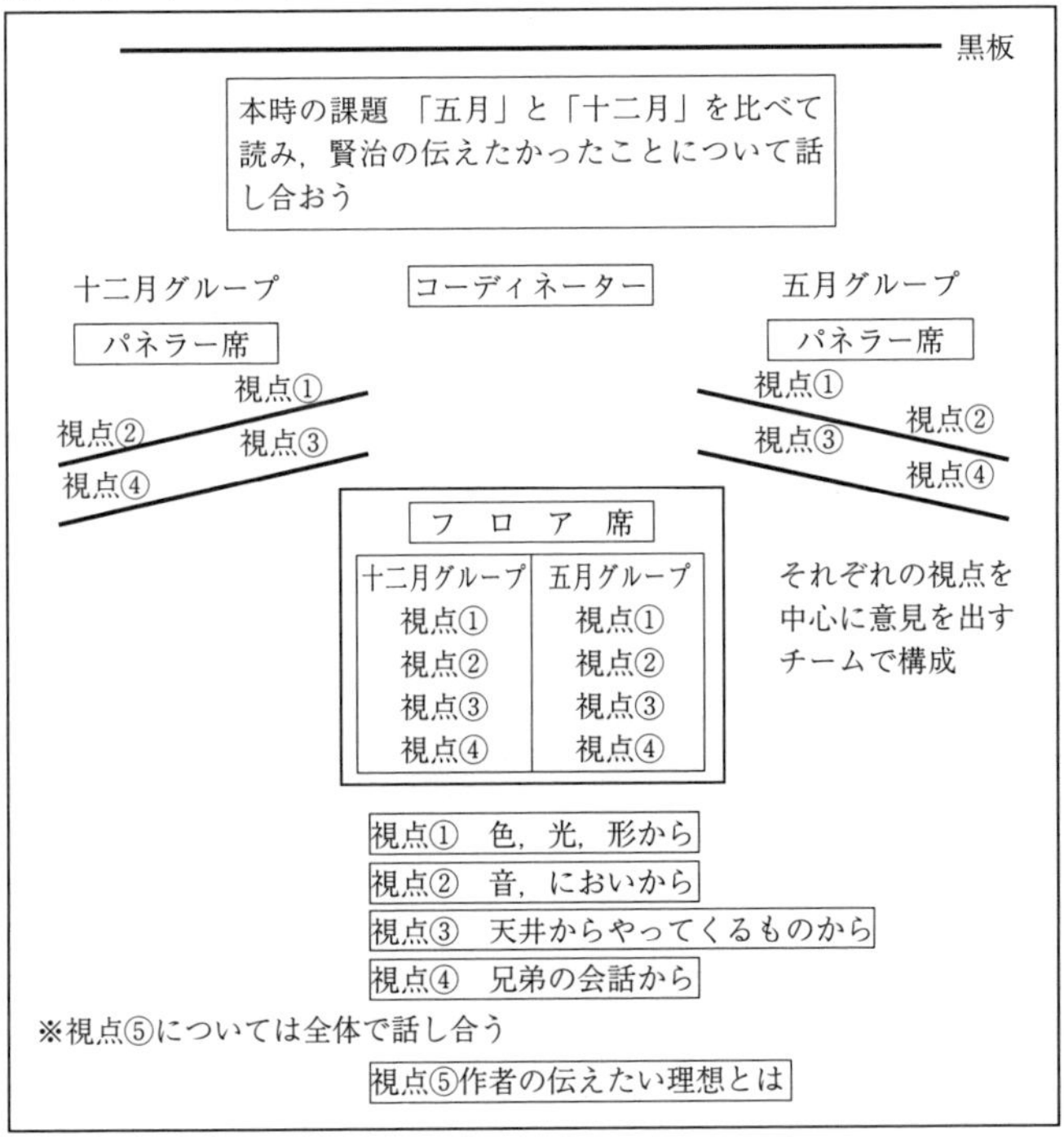
黒板
本時の課題 「五月」と「十二月」を比べて読み，賢治の伝えたかったことについて話し合おう
十二月グループ
コーディネーター
五月グループ
パネラー席
パネラー席
視点①
視点②
視点③
視点④
視点①
視点②
視点③
視点④
フ ロ ア 席
十二月グループ
視点①
視点②
視点③
視点④
五月グループ
視点①
視点②
視点③
視点④
それぞれの視点を中心に意見を出すチームで構成
視点① 色，光，形から
視点② 音，においから
視点③ 天井からやってくるものから
視点④ 兄弟の会話から
※視点⑤については全体で話し合う
視点⑤作者の伝えたい理想とは

しかけ3　学習シートの工夫点

〈次頁学習シート例①参照〉

このシートは、課題③「『やまなし』で、宮沢賢治が伝えたかったことは？」に対応するものであり、第3次の学習活動に合わせて、記入していくようになっている。

工夫点①　まず、課題に対して、五月か十二月のどちらのチームになるかを決め、次に、どの視点で意見を出すかを決めるようになっている。ここまで決めたら、同じ月の同じ視点の者同士で集まって、意見をつくる活動にうつる。

工夫点②　それぞれの視点について関連する表現を、抜き出して書くようになっている。その下に、抽出した表現から考えられる作者の思いを、書く欄が設けてある。

工夫展③　パネルディスカッションの学習活動の後に、「五月と十二月を対比して　まとめの考えを書こう」という欄がある。自分の視点からの意見と、他のグループの意見を考え合わせ、深まった自分の考えを書くようになっている。

このシートに記入したことをもとに、各視点グループで話し合い、ディスカッション時の意見をつくる。

〈次頁学習シート例②参照〉

工夫点①　自分が選んだ視点での意見だけでなく、他の視点でも書きたい場合、あるいは、討論の時に相手側の視点での考えも知っておきたい場合に書き込むことができるようになっている。これは、ディスカッションの時間に行うものである。学習シート例①と同じ形式になっているため、同じような見つけ方、考え方で、意見を書くことができるであろう。

工夫点③　工夫点②　工夫点①　学習シート例①

作品の世界を深く味わおう　やまなし

名前（　　　　）

★今日の学習課題

★みんなで考えを交流するために、**パネルディスカッション**をします。
どのチームで、**どんな視点**で二つの月の表現を比べるかを決めましょう。

そして　その視点から、**宮沢賢治さんが「やまなし」を通して、□月で、伝えたかったこと**を考え、意見を交流しましょう。

月チーム　視点○

まず、関連する表現を書き出しましょう。

宮沢賢治さんの伝えたかったことは？

五月と十二月を対比して　まとめの考えを書こう

★学習をふりかえって

工夫点①　学習シート例②

作品の世界を深く味わおう　やまなし

名前（　　　　）

★他のチーム、または他の視点での意見を書きたい人は、このシートにどうぞ。
（ディスカッションでは、このシートに書いた意見をどんどん発表して意見を深めましょう。）

月チーム　視点○

まず、関連する表現を書き出しましょう。

宮沢賢治さんの伝えたかったことは？

月チーム　視点○

まず、関連する表現を書き出しましょう。

宮沢賢治さんの伝えたかったことは？

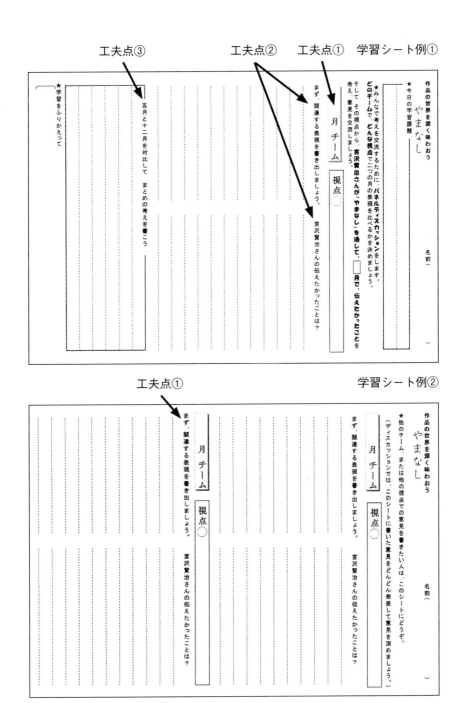

(2) 授業展開例

①単元の目標

○オノマトペ、比喩表現などに着目し、その役割や効果などに気づいて情景を読み取ることができる。（知識及び技能）

○「やまなし」の2つの場面を対比して読み、作品の特徴や作者の思いを捉えて話し合うことができる。（思考力、判断力、表現力等）

○作者の表現や構成の仕方から、どのような作品の世界が描かれるかを読み取ろうとする。（学びに向かう力、人間性等）

②指導計画（全8時間配当）

1次 「やまなし」を学習するための、基盤となる学びを行う。…1時間

・宮沢賢治作品を読み、その特徴を捉える。…2時間

2次 「やまなし」の表現上の特徴をつかみ、読み味わう。

・「イーハトーヴの夢」から、宮沢賢治の生き方を捉える。…1時間

・「やまなし」五月を読む。…1時間

・「やまなし」十二月を読む。…1時間

3次 五月、十二月の対比から、作者の思いを捉える。

・五月と十二月を、4つの視点で対比して話し合い、作者の思いについて考えを深める。…2時間

4次 宮沢賢治作品を読み広げる。…1時間

③展開例（第7時）（※ここでの子どもたちの意見は、実際の研究授業で出たものである。）

1　課題をつかむ。**課題「『五月』と『十二月』を4つの視点で比べて読み、賢治の伝えたかったことについて話し合おう。」**を確認する。

2　「クラムボン」とは、何を表しているかについて話し合う。「象徴」「暗示」とはどういうことかをつかむために、最初に、クラムボンは何かという課題で話し合う。小さい生物で、「ボン」という語感から丸いものではないかという意見がまず生まれる。そこから、「プランクトン（かにの赤ちゃん）」、「あわ」などという考えが引き出される。クラムボンのイメージがつかめたら、クラムボンは、何を表しているのかという課題に入る。そこで出た意見が、「若くして亡くなった妹のトシさんを表しているのではないか。」というものである。賢治が大切な妹を亡くした時の詩「永訣の朝」をみんなで読んでいることで、この発想につながり、多くの子どもたちの賛同を得る考えとなった。語感を感じ取る、作者の生涯を知る、他の作品も読む、といった学習を土台として、象徴、暗示とはどういうことかが理解された例である。

3　パネルディスカッションの方法について確認する。「五月」と「十二月」で意見を出す4つの視点のグループのそれぞれから、2名ずつがパネラーとして討論席に、あと2名は、フロア席に着く。視点①から話し合いが始まる。「五月」のパネラーが意見を発表した後、「十二月」のパネラーが意見を述べる。パネラー同士の討論のあと、フロアからの意見を出す。司会、進行は先生が行う。

活動≫ 視点①色、光、形について、パネラーからの意見を聞こう（・は話し合いで出た意見）

・五月は、鋼の色、青色など暗くてこわい感じがする。これは、三陸大津波の色を表しているのではないか。

・魚の死も、このときの災害で亡くなった多くの人たちを表していると思います。「黒くとがって」「白い腹がぎらっと光って」もこわい感じがします。カワセミは、命をとるもの。つまり、病気や事故での死を表していると思います。流れてくる「白いかばの花びら」は、（魚の）死を優しく包んでいる感じです。

・十二月は、「きらきらっと黄金のぶちが光り」のところは、「なめとこ山の熊」が月光に照らされて後光のように光るのと同じです。「後光」は、仏様の光のことで、やまなしがそういうありがたいものだと言っていると思います。賢治さんは、とても仏教を信じていたそうです。

活動》 視点②音、においについて、パネラーからの意見を聞こう

・十二月では、やまなしが「トブン」と落ちてくる。五月ではかわせみがやってくるところで、音がしそうなんだけど。書いてありません。

・でも、分かります。かわせみは、音を立てずに水に入ってきて、魚をくわえて水面から出る時、「ザバ」という音がしたと思います。音を立てたら逃げられてしまうから、瞬間にとる。名付けて「瞬殺」です。

・五月はにおいのことが書かれていませんが、魚の血のにおい、つまり生臭いにおいがしていたと思います。

・十二月は、やまなしのいいにおいがそこらいっぱいにしています。なんだか幸せなで安心感のある世界です。

活動》 視点③天井からやってくるものについて、パネラーからの意見を聞こう

・五月はかわせみで、命をとるもの。十二月は逆に、命を与えるものだと思います。やまなしは、実が熟して、落ちてそれがまた、かにたちのおいしいお酒になるからです。

・かわせみは、魚の命を取ったけれど、それを食べて命をつないでいる。魚の命はかわせみの命につながったと思います。賢治の妹のトシさんは、病気で若いのに死んでしまったけれど、何かの命につながったということを表していると思います。

・クラムボンがトシさんを表していると考えると、「死んだよ」の後にもう一度「笑ったよ」と出てくるのは、もう一回トシさんに微笑んでほしかったんだろう。

活動≫ **視点④兄弟の会話についてパネラーからの意見を聞こう**

・五月では、「死んだよ」「殺された」「こわい」などという言葉が多く使われている。でも、お父さんの「だいじょうぶだ。心配するな。―ごらん、きれいだろう。」という言葉で、安心している。

・十二月では、吐いたあわの比べっこをしている会話で、何かおだやかな感じがする。トブンと落ちてきたものが「かわせみだ。」と首をすくめるけど、お父さんが「やまなしだ。―ついていってみよう。」「あしたイサドへ」と楽しみなことを、子どもたちに言っている。イサドに、かにたちのお母さんがいるのではないか。

4　作者の思いについて、全員で話し合い、考えを深める。

活動≫ **賢治さんは、「五月」と「十二月」のどちらを理想として伝えたかったのかについて話し合おう**

十二月が理想である と考える人たちが意見を言う。

・明るくて、静か。賢治はおだやかで、静かな人だったから。五月は死を連想させます。

・五月のさわがしい感じに比べて、十二月は静かな感じがします。

・農作物の被害が少ないことをいつも賢治は願っていたから、静かな十二月が理想だったと思います。

・「やまなし」という題名がついているから、十二月だと思います。

五月が理想である と考える人たちが意見を言う。

・「イーハトーヴの夢」では、みんなが力を合わせなければならないと言っている。つらいことがあっても、生きて活動しているのは五月だから、五月を理想としていると思います。

・賢治さんは、死ぬ前の日にも、訪ねてきた人に肥料のことを教えてあげています。自分の命を使って他の人が生きていくのを助けたから、五月が表していることと似ていると思います。

十二月と五月をつなぐ意見 が出てくる。

・「五月」はとても伝えたかったこと、つまり、カワセミで災害を表し、「十二月」は、で農作物が豊かに実り、それでみんなが幸せになるという理想を表したと思います。

・「五月」は、人生で大変なこともあるけれど、それが過ぎて、または、乗り越えていくと、「十二月」のような、いいこともやってくるんだよと言いたかったんだと思います。

④評価

作品の表現から、作者の思いを捉えて自分の考えを話し合い、読みを深めることができる。［評価の方法：ディスカッション時の記録・学習シート］

【板書例】

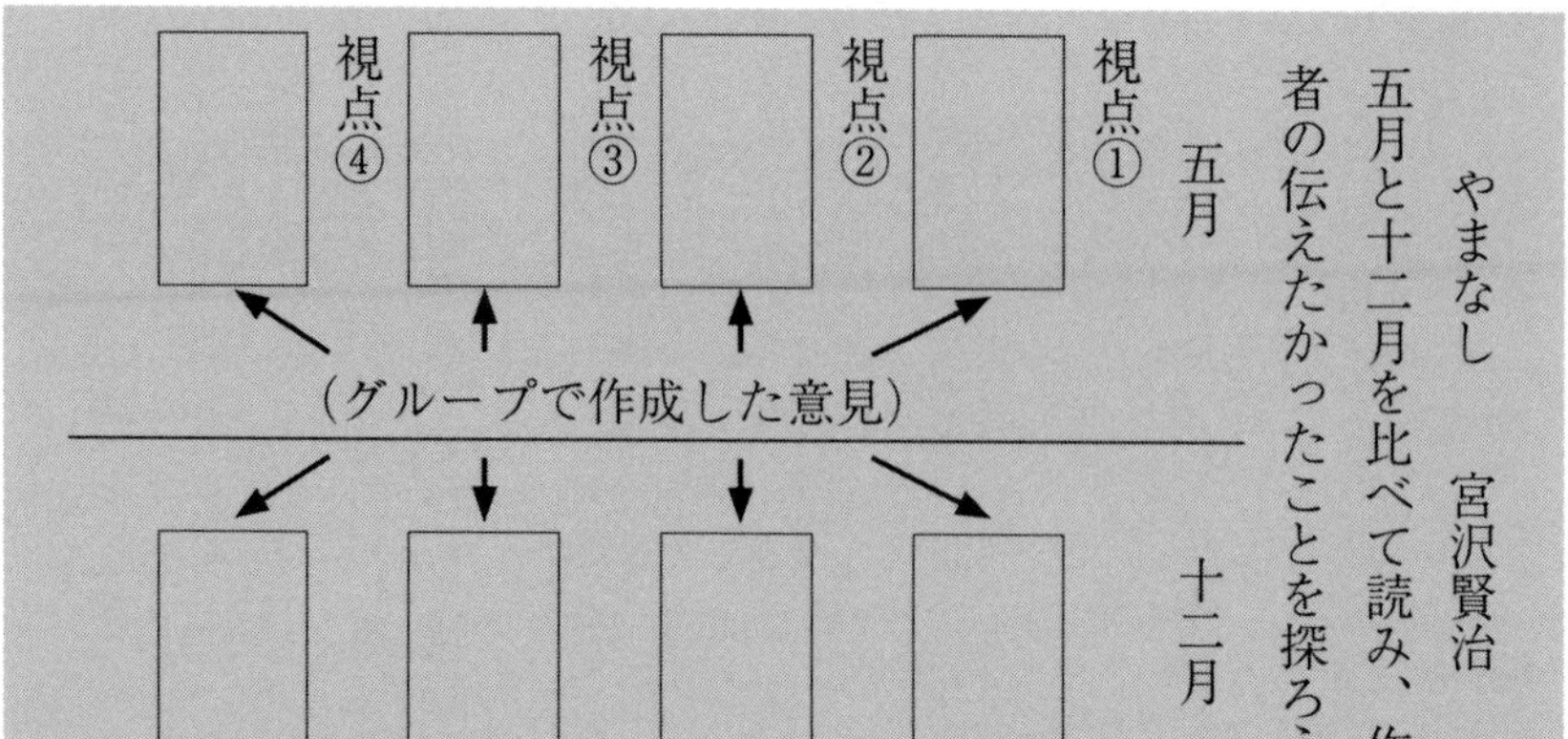
やまなし　宮沢賢治
五月と十二月を比べて読み、作者の伝えたかったことを探ろう
五月
視点①
視点②
視点③
視点④
（グループで作成した意見）
十二月

【著者紹介】

稲葉　久子（いなば　ひさこ）

1956年福井県生まれ，福井大学教育学部卒業。
勝山市立成器南小学校，（以下福井市）東郷，春山，和田，西藤島，日之出，社南各小学校教諭，福井県教育研究所研究員，安居小，日新小，和田小，河合小（現在）にて新採用指導教員として勤務。著書に『ことばの力をつける授業の工夫』『ことばの力がつく説明文授業の創造』『ことばの力がのびる表現活動のある授業』（上記３冊編共著／明治図書1992，1993，1995年）『物語重要教材の授業小学校１年』（編共著／明治図書1993年）『物語のイメージをどうふくらませるか』『思考力を育てる国語授業』（編共著／東洋館1992年）『コンピュータを活用した国語の授業』（編共著／光村図書2002年）「国語の実践」（編共著／福井市小学校国語研究部2001年～2016年毎年執筆掲載）
2007年 「ふくい優秀教員」表彰
2012年 「第43回博報賞（国語・日本語教育部門）」受賞

国語科授業サポートBOOKS
課題・対話・学習シート
3つのしかけで生まれる　わくわく国語授業

2020年10月初版第１刷刊 ©著　者　稲　葉　久　子
発行者　藤　原　光　政
発行所　明治図書出版株式会社
http://www.meijitosho.co.jp
（企画）林　知里（校正）芦川日和
〒114-0023　東京都北区滝野川7-46-1
振替00160-5-151318　電話03(5907)6703
ご注文窓口　電話03(5907)6668

＊検印省略　組版所　株式会社アイデスク

Printed in Japan　ISBN978-4-18-388023-9